Ulrich Ladurner
Der Fall Italien

Ulrich Ladurner

Der Fall Italien

Wenn Gefühle
die Politik beherrschen

Bibliografische Information der Deutschen Nationalbibliothek

Die Deutsche Nationalbibliothek verzeichnet diese Publikation
in der Deutschen Nationalbibliografie; detaillierte bibliografische Daten
sind im Internet unter http://dnb.d-nb.de abrufbar.

© Edition Körber, Hamburg 2019

Umschlag: Groothuis. www.groothuis.de
Umschlagfoto: © Caimi & Piccinni/Redux/laif
Herstellung: Das Herstellungsbüro, Hamburg |
    www.buch-herstellungsbuero.de
Druck und Bindung: CPI – Clausen & Bosse, Leck
Printed in Germany

Mehr Bäume.
Weniger CO_2.
www.cpibooks.de/klimaneutral

ISBN 978-3-89684-273-2

www.edition-koerber.de

MIX
Papier aus verantwor-
tungsvollen Quellen
FSC® C083411

Für Julius und Lilli

Inhalt

Einsam, verbittert und ängstlich

Im Winter 2015 rief mich eine Freundin aus Mailand an. Sie habe einen Bekannten aus Kalabrien, der nach Deutschland auswandern wolle. Ob ich ihm helfen könne? Kurze Zeit später, an einem dunklen, kalten Regentag, stand A. vor mir. Er war ganz nass geworden vom Hamburger Regen, mit dem er offenbar nicht gerechnet hatte. A. ist ein großer, kräftiger Mann, damals 42 Jahre alt. Ich war überrascht, denn ich hatte einen jungen Menschen erwartet, vielleicht zwischen 20 und 25. In einem Alter also, in dem man auswandert, weil man noch genügend Zeit und Kraft hat, um einen Neuanfang in einem fremden Land zu versuchen. A. sprach kein Wort Deutsch, sein Bart wurde schon grau, er hatte eine Frau und drei Kinder im Alter von zehn, acht und zwei Jahren. Außerdem ist er Fotograf, ein Beruf, mit dem es, zurückhaltend ausgedrückt, nicht einfach ist, sich selbst zu ernähren, geschweige denn eine fünfköpfige Familie. Es muss sehr schlecht um Italien stehen, wenn ein Familienvater in diesem Alter mit Frau und Kindern emigriert. Mein heutiger Freund war damals einer von über 100 000 Italienern, die ihre Heimat wahrscheinlich für immer verließen. Im Jahr darauf waren es mehr als 200 000 und 2017 rund 270 000.

So viele Italiener haben Italien seit Ende des Zweiten Weltkriegs nicht verlassen. In Berlin, London, Madrid, Brüssel – in allen Hauptstädten Europas kann man heute junge Italiener antreffen, die ihrer Heimat den Rücken gekehrt haben, und weniger junge Italiener, wie mein Freund A. aus Kalabrien. Sie haben einen schweren Weg auf sich genommen, und doch sagen sie in der Regel alle das eine: »Ich habe endlich mein Leben in die Hand nehmen können!« In Italien sehen sie keine Zukunft mehr für sich. Meistens sind es die Jungen, die gehen, die gut Ausgebildeten. Jahr für Jahr verliert Italien so seine besten Kräfte. Es gibt kein bittereres Zeugnis über den Zustand dieses Landes. Es gibt auch keinen besseren Beweis für den Willen der Italiener, sich ihrem Schicksal nicht zu fügen – aber auch keinen besseren Beweis für ihren Mut.

Am 4. März 2018 hat eine Mehrheit der italienischen Wähler in den Parlamentswahlen der Lega und dem MoVimento 5 Stelle (M5S) ihr Vertrauen geschenkt. Man kann diese Wahl auch als ein Misstrauensvotum der Italiener gegenüber der Europäischen Union verstehen – denn die beiden Parteien sind, gelinge gesagt, gegenüber der Europäischen Union sehr kritisch eingestellt. Viele Europäer sind überrascht von den harschen Tönen, die seither in Rom über die EU geäußert werden. Waren die Italiener nicht immer überzeugte Europäer?

Die Entfremdung zwischen Italien und der EU ist kein neues Phänomen. Sie begann gegen Ende der neunziger Jahre, nachdem Silvio Berlusconi zum zweiten Mal zum Ministerpräsidenten gewählt worden war. Damals bekam die Beziehung zwischen Brüssel und Rom den Charakter einer Fernbeziehung. Man besuchte sich regelmäßig, auch wenn man sich immer weniger zu sagen hatte und das Gesagte schon tausendmal gesagt worden war. Meist waren es fordernde, mahnende und klagende Worte. Wie man diese Beziehung wiederbeleben könnte, dafür fehlten Kraft, Wille und Phantasie. In den Brüsseler Institutionen herrschte tiefe Ratlosigkeit über die Entwicklungen in Italien und wie man mit diesen umgehen soll. Man schloss die Augen, in der Hoffnung, dass es schon gut gehen werde.

Seit 2010 vertieften die Eurokrise und die Migration jedoch die Entfremdung. Aus der Fernbeziehung droht nun eine gescheiterte Beziehung zu werden. Als 2018 die Lega und M5S die Regierungskoalition bildeten, war schon vom Italexit die Rede – vom Austritt Italiens aus der Union. Das Gespenst verschwand zwar bald wieder, vermutlich wirkte das Chaos, das der Brexit in Großbritannien verursacht hat, disziplinierend. Doch die Verwerfungen zwischen Europa und Italien reichen tief, und sie werden bestehen bleiben. Denn es geht nicht nur um Vernunft, es geht um Emotionen. Und Italien ist heute ein einsames, ein verängstigtes, ein wütendes Land. Der Fall Italien zeigt, was geschieht, wenn Gefühle die Politik beherrschen.

Sinnbild für das Land

Der Einsturz der Morandi-Brücke

Manchmal kann man die Zukunft an einer Landschaft ablesen, am Val Polcevera zum Beispiel. Es ist ein enges Tal, das sich tief in die ligurischen Berge schneidet, seine Ausläufer sind Teil des Genueser Stadtgebiets. Der schmale Fluss Polcevera fließt still und unauffällig durch das Tal. Im Sommer ist das Flussbett fast trocken, doch die Ruhe täuscht. Wenn es in den Bergen stark regnet, kann der schmale Fluss binnen kürzester Zeit zu einem reißenden, gefährlichen Strom anschwellen. Der Polcevera lässt sich dann durch nichts aufhalten. Wer an seinen Ufern wohnt, muss sich vorsehen. Hier, in dem dicht bebauten Stadtgebiet von Genua, kennt man die Gewaltausbrüche der nur scheinbar gebändigten Natur. Erdrutsche, Schlammlawinen und Überschwemmungen sind eine wiederkehrende Erfahrung. Manchmal kommt der Tod ganz beiläufig, wie im Falle jenes Unglücklichen, der 2011 in einer Straßenunterführung ertrank, die sich so schnell mit Wasser gefüllt hatte, dass er sich mit seinem Auto nicht mehr rechtzeitig retten konnte. Oder wie bei jenem Mann, der sich 2014 in einer Bar, nicht weit vom Stadtzentrum entfernt, von seinen Freunden mit den Worten verabschiedete: »Ich schaue mir mal an, wie es um den Fluss steht«, und wenig später von den Wassermassen erfasst wurde, die sich durch die Straßen wälzten. Selbst im banalsten Alltag lauert der Tod. Was gebaut, erschaffen und erreicht wurde, kann jederzeit mitgerissen werden. Nichts steht auf festem Grund. Nichts ist für immer – das ist eine der Lehren, die Italien für Europa bereithält.

Bis gestern noch war das Land eng mit der Europäischen Union verbunden, heute wird es von zwei Parteien regiert, die in einer Weise gegen Europa agitieren, wie es noch keine italienische Regierungspartei in den vergangenen siebzig Jahren getan hat. Die Zugehörigkeit zur Europäischen Union wird nicht mehr als Stärke empfunden, sondern als Ursache für Schwäche – ja als Ursache der Übel, die Italien heimsuchen. Im Jahr 2018 glaubten nur noch 24 Prozent der Italiener, dass die EU eine »gute Sache« sei. In den 27 Mitgliedstaaten der EU waren es durchschnittlich 62 Prozent. Nur 43 Prozent der Italiener glauben, dass Italien von seiner Mitgliedschaft in der Union Vorteile hat.[1] In keinem anderen EU-Land ist der Wert so niedrig. Italien hatte seit den ersten Wahlen zum Europaparlament im Jahr 1979 stets die höchste Wahlbeteiligung, bis zu den Europawahlen 2019 war das so. Aber in keinem anderen Land ist sie so schnell gefallen, von 85,7 Prozent 1979 auf 57,2 Prozent im Jahr 2014[2] und 2019 auf 54,5 Prozent.[3] Bis gestern noch zweifelte keiner an der Westbindung Italiens, heute reist Innenminister Matteo Salvini, der starke Mann des Landes, häufiger nach Moskau als nach Brüssel. Und er sagt: »Ich fühle mich hier zu Hause!« Gestern noch schien Italien ein freundliches, tolerantes Land, heute zeigt es ein verbittertes, hartes Gesicht. 69,7 Prozent der Italiener möchten keine Roma, fast jeder Vierte,

24,5 Prozent, möchte keine Menschen einer anderen Ethnie, mit einer anderen Sprache oder anderen Religion zum Nachbarn haben. 52 Prozent glauben, dass mehr für Migranten getan werde als für Italiener. 90 Prozent der Italiener sind bereit, Produkte zu kaufen, die ausschließlich in Italien hergestellt worden sind. Gestern noch wurde Italien dafür gelobt, dass es mit seinen Marineschiffen Zehntausende Migranten vor dem Ertrinken im Mittelmeer rettete, heute gibt es fast täglich Gewalt gegen Ausländer. Bis gestern noch war das Mittelmeer für Italien die Wiege einer Zivilisation, die es selbst ganz wesentlich geprägt hat, ein Raum, aus dem es Inspiration und Kraft bezog. Heute ist das Mittelmeer eine Todeszone, und alles, was am anderen Ufer liegt, wirkt wie eine Bedrohung, vor der man sich mit allen Mitteln schützen muss.

Italien hat sich aus seinen Verankerungen gerissen; abgekoppelt vom Norden wie vom Süden, treibt es wie ein Floß ins Ungewisse. Es ist erfüllt vom Geschrei und Gezeter seiner Bewohner. Sie sagen Dinge, die bis vor kurzem nicht sagbar waren, sie schimpfen und maulen ohne Unterlass. Auf die Frage, ob sie denn wüssten, wohin ihre Reise gehe, antworten sie: Wen interessiert das schon, wenn das Bleiben so schrecklich ist. Sie haben sich entschieden, entgegen allen Warnungen, entgegen aller Vernunft. Sie wollen etwas Neues, sie wollen Tabula rasa machen, auch wenn danach der Abgrund auf sie wartet. Das Risiko nehmen sie in Kauf. Der Preis, den sie vielleicht in Zukunft zahlen werden, interessiert sie nicht. Sie wollen los, jetzt, sofort. So überraschend das alles zu sein scheint, die Ursachen für diesen Abschied Italiens aus Europa reichen sehr weit zurück – im Tal des Flusses Polcevera lassen sie sich mit einem Blick erfassen.

Das Tal mündet im Hafen von Genua, es ist mit der Stadt eng verflochten. Mietskasernen, Lagerhallen, Fabriken und Öltanks reihen sich hier aneinander. Bahngleise durchschneiden die Mitte seines Grundes. Vor nicht allzu langer Zeit war die Luft hier erfüllt vom dicken Rauch der Fabriken, dem durchdringenden Klang der Schiffshörner, dem dunklen Stampfen der Maschinen, den scharfen, kurzen Pfiffen der Züge, die kreischend und knarzend über die Gleise des Güterbahnhofs rollten. Das Val Polcevera spielte bei der rasanten Wandlung Italiens von einem überwiegend landwirtschaftlich geprägten Land zu einer der führenden Industrienationen der Welt eine fundamentale Rolle.

Im Dreieck der Städte Genua–Mailand–Turin schmiedeten Hunderttausende Arbeiter, von denen viele aus dem Süden des Landes kamen, an der italienischen Erfolgsgeschichte. Genua–Mailand–Turin wurde auch das Rote Dreieck genannt, weil die Arbeiterbewegung hier schon in den zwanziger Jahren des 20. Jahrhunderts stark war. Die Kommunisten und Sozialisten wollten in dieser Gegend mit dem Aufbau ihrer neuen, ersehnten Welt beginnen. Antonio Gramsci, einer der Gründer der Kommunistischen Partei Italiens und ein führender europäischer Intellektueller, entkam Anfang November 1926 im Val Polcevera nur knapp seinen faschistischen Häschern. Wenige Tage später fassten sie ihn dann doch, kerkerten ihn ein und entließen ihn erst 1937 todkrank in die Freiheit. Seine Schriften sollten noch viele Jahrzehnte nach seinem Tod große Wirkung entfalten.

Während der deutschen Besetzung des Landes, die 1943 begann und 1945 endete, war das Val Polcevera eine Hochburg der Partisanen. Sie kämpften gegen die Truppen Adolf Hitlers und gegen ihre faschistischen Landsleute, die Schwarzen Brigaden Benito Mussolinis. In Bolzaneto, Rivarolo und Sampierdarena, den Genueser Stadtteilen des Val Polcevera, erinnern viele Straßennamen an Partisanen, die im Krieg gefallen sind: Via Jori, Via Fillak, Via Zamperini, Via Rissotto. Der Widerstand gegen den Faschismus ist in den Stadtkörper eingeschrieben. Er ist fester Bestandteil lokaler Identität.

Der schnelle Aufstieg Italiens begann nach dem Ende des Zweiten Weltkriegs. Die sechziger Jahre waren ein geradezu rauschhaftes Jahrzehnt. Fünfzehn Jahre nach Kriegsende feierte das Land Erfolge auf allen Ebenen. Es begann mit der Olympiade in Rom 1960, bei der Italien 13 Medaillen gewann und damit hinter der Sowjetunion und den USA auf Rang drei landete. 1964 wurde die Autostrada del Sole, auch *Autosole* genannt, fertiggestellt, die den Norden mit dem Süden des Landes verband. 755 Kilometer lang, wurde sie in nur acht Jahren gebaut und drei Monate früher als geplant zu den veranschlagten Kosten für den Verkehr freigegeben. Die Wirtschaft boomte, und die Massen konnten sich nun Konsumgüter leisten. Anfang der sechziger Jahre besaß die Hälfte aller italienischen Haushalte einen Kühlschrank und einen Fernseher. Der kleine Mann fuhr einen Fiat 500, ein ebenso funktionales wie elegantes Auto. Italien verband Effizienz mit Eleganz, Schönheit mit Funktionalität. Vergessen waren die Verheerungen des Krieges, vergessen die Verstrickungen in den Faschismus. Die Zukunft war ein offenes Feld voller Verheißungen, man musste es nur entschlossenen Schrittes betreten.

Einer, der voranschritt, war der Architekt Riccardo Morandi. Die Brücke, die er über den Fluss Polcevera bauen ließ, erregte großes Aufsehen. 45 Meter hoch spannte sie sich über Wohnhäuser und Fabriken, über den Fluss und die

Bahngleise. Ein innovatives, ein wagemutiges, ein modernes Bauwerk, das 1967 eingeweiht wurde. Die Genueser nannten es: »Unsere Brooklyn Bridge«. Das war nicht nur eine Reverenz vor der berühmten Brücke in New York, es war auch eine Botschaft Genuas an Italien. Millionen Italiener hatten in den Jahrhunderten zuvor ihr Land Richtung Amerika verlassen müssen. Das war nun Vergangenheit, nun gab es Arbeit in Italien. Die Brooklyn Bridge stand nun hier, in Genua. Niemand musste mehr die Heimat verlassen, um ein Auskommen zu finden. Italien bot allen genügend Gelegenheiten. Angesichts der Brücke sollte das jeder glauben können.

Antifaschistischer Kampf, Industrialisierung, Erfindungsgeist, Innovation, Wagemut, Risikofreude – im Val Polcevera finden sich auf engstem Raum die Säulen, auf denen das italienische Selbstbewusstsein der Nachkriegszeit ruhte. Die Menschen konnten sich als Protagonisten einer Geschichte fühlen, die auf eine helle Zukunft ausgerichtet war. Es gab mächtige Gewerkschaften, große Parteien und die einflussreiche, starke Kirche. Parteien wie Gewerkschaften verwandten viel Aufwand darauf, ihre Mitglieder auf die Politik vorzubereiten. Insbesondere die Kommunistische Partei bildete ihre Leute auf allen Ebenen aus. Allein zwischen 1945 und 1954 durchliefen 300 000 Mitglieder Ausbildungskurse, die Besten wurden ausgewählt und auf die Parteischule Frattocchie bei Rom geschickt. Aus ihr ging eine Reihe von später bekannt gewordenen Politikern hervor. Die Gewerkschaften hatten ihre eigenen Ausbildungszentren, die ebenfalls viele Persönlichkeiten hervorbrachten, die eine prägende Rolle in der italienischen Nachkriegsrepublik spielten. Natürlich war es auch das Ziel dieser Ausbildung, treue Partei- und Gewerkschaftskader hervorzubringen. Doch es ging noch um etwas anderes: Arbeiter und Bauern sollten in die Lage versetzt werden, aktiv am politischen Leben teilzunehmen. Die christdemokratischen Parteien verfügten durch ihr enges Verhältnis zur Kirche über den Zugang zu einem großen Reservoir christlicher Ausbildungsstätten. Welcher politischen Richtung sie sich auch zurechneten, die Mehrheit der Italiener hatte ein ideelles Zuhause. Sie beschäftigten sich mit der Frage, wie man die Gesellschaft verbessern, wie man die Welt gerechter machen könne – auf diese Fragen suchten sie mit ihrem politischen Handeln Antworten. Dafür wurden sie geschult und vorbereitet. Das Denken der Menschen hatte eine utopische Dimension.

Gewiss, es gab Spannungen zwischen den politischen Gruppierungen, teilweise unüberwindbare Gegensätze. In den siebziger Jahren des vergangenen Jahrhunderts verübten die Roten Brigaden Anschläge, entführten und ermordeten ihre Kontrahenten. Doch jeder Einzelne konnte sich damals als Teil einer größeren Geschichte begreifen. Sie orientierte sich nach vorne, in eine hoffnungsvolle Zukunft.

Die Morandi-Brücke, deren offizieller Name Viadotto Polcevera lautete, war das Symbol dafür, dass alles machbar war, wenn man es nur wollte. Sie war der in Stahlbeton gegossene Glaube an den Fortschritt. Als sie 1967 eröffnet wurde, wirkte sie wie die Krönung einer jahrzehntelang anhaltenden Erfolgsgeschichte, und diese endete am 14. August 2018 abrupt.

An diesem Tag entlud sich ein Gewitter über das Val Polcevera. Tiefhängende Wolken hüllten die Brücke ein. Donner rollte durch das Tal, Blitze durchzuckten den schwarzen Himmel, Regen prasselte hernieder. Tiefhängende Wolken hüllten die Brücke ein. Plötzlich war Sirengeheul zu hören. Als die Wolken sich verzogen, konnten die entsetzten Anwohner sehen, was geschehen war: Die Brücke war auf einer Länge von 200 Metern eingebrochen, 41 Menschen waren in den Tod gestürzt. Die Letzten konnten erst fünf Tage später unter den Trümmern geborgen werden, eine Kleinfamilie, Vater, Mutter und ihre neunjährige Tochter.

Das Unglück markierte den spektakulären Endpunkt einer lang anhaltenden Entwicklung. Industrie, Massenparteien, Gewerkschaften, Optimismus, Fortschrittsglaube – alle Strukturen, Organisationen, alle Ideen und Überzeugungen, welche das Val Polcevera und damit auch Italien geprägt hatten, hatten sich bereits aufgelöst, als die Brücke einstürzte. Die Instanzen, die Konflikte moderierten, die zwischen gegensätzlichen Interessen vermittelten und Ausgleich schufen, hatten ihre Kraft verloren. Damit war die Grundlage verschwunden, auf der der Fortschritt einer demokratischen Gesellschaft gründet. Der Beruf des Politikers hatte sich fundamental verändert. Kein führender Politiker hatte mehr eine spezifische Ausbildung durchlaufen, die ihn hätte vorbereiten können, denn die Schulen der Parteien und der Gewerkschaften hatten sich fast alle aufgelöst. Es wird offenbar nicht mehr erwartet, dass der Politiker komplexe Probleme intellektuell durchdringt, sie verständlich darlegt und schließlich für Lösungen bei den Bürgern um Zustimmung wirbt. Im Gegenteil, fast ausnahmslos alle neuen Spitzenpolitiker der letzten Jahre zeichnen sich durch eine offen zur Schau gestellte Verachtung gegenüber Experten aus. Matteo Renzi, Sozialdemokrat und Ministerpräsident von Februar 2014 bis Dezember 2016, sagte in einer Parlamentsrede im Jahr 2016: »Die Dilettanten haben die Arche Noah gebaut, die Experten die Titanic.« Matteo Salvini lästert gerne über die »Desaster, die die Experten anrichten«, und Luigi Di Maio spottet ebenfalls lustvoll über die »Kompetenten«.[4] Wo sich die Parteien früher um inhaltliche Ausbildung ihrer Leute kümmerten, geht es heute in erster Linie nur mehr um ihre kommunikativen Fähigkeiten. Wie sage ich etwas, das mir Aufmerksamkeit verschafft? Wie komme ich in den Medien gut rüber?

Schon längst kann Politik ihre Funktion nicht mehr erfüllen. Stattdessen kommt die rohe Emotion zum Vorschein. Erfolgreich sind nicht mehr die Politiker, die Gefühle kanalisieren und sie in eine positive Kraft verwandeln; erfolgreich sind Politiker, die vorhandene Emotionen verstärken; erfolgreich ist der Politiker, der die bereits Aufgewühlten weiter aufpeitscht. M5S organisierte Kurse für ihre neu gewählten Parlamentarier in Rom. Silvia Virgulti, die als TV-Coach engagiert wurde, schrieb in einer Handreichung für die Parlamentarier, die im TV über das komplexe Thema Migration sprechen sollten, Folgendes: »Die Immigration weckt viele Emotionen, vor allem Angst und Wut. Deswegen ist es sinnlos, im Fernsehen zu argumentieren oder Verträge zu erklären oder mehr oder weniger realistische Lösungen vorzuschlagen. Die Menschen nämlich werden vollkommen von Emotionen beherrscht. Sie fühlen sich und ihre Familien bedroht. Man kann nicht erwarten, dass sie einem rein rationalen Diskurs folgen. Wir müssen diese Emotionen nur abbilden.« In ihrem Papier zieht sie die Schlussfolgerung: »Lassen wir Wut + Angst freien Lauf.«[5]

Als die Morandi-Brücke einstürzte, blickten die Italiener buchstäblich in den Abgrund. Wie in einem Spiegel sahen sie dabei in ihr eigenes Gesicht, gezeichnet von Erschöpfung, Verwirrung und Wut. Etwas mehr als 30 Prozent der Italiener sagen, dass sie »zornig« sind, weil zu viele Dinge schlecht laufen und niemand etwas dagegen tue; 28 Prozent sagen, sie seien »verwirrt«, weil sie nicht verstünden, was mit ihnen geschehe; 21 Prozent sind völlig desillusioniert, weil sie glauben, dass ohnehin alles unaufhaltsam schlechter werde. 19 Millionen Italiener glauben keinem Informationskanal mehr – egal ob Zeitung, Fernsehen, Radio, Internet oder soziale Netzwerke.[6] Wer immer ihnen Nachrichten überbringt, sie glauben ihm nicht. Sie fühlen sich hintergangen und umgeben von Lügnern und Betrügern. Das Misstrauen sitzt in ihren Knochen und macht sie schwer wie Blei.

Warum ist es so weit gekommen? Auch andere Länder haben eine massive Deindustrialisierung erlebt, den Niedergang der Volksparteien, die Schwächung der Gewerkschaften und eine rasant fortschreitende Säkularisierung der Gesellschaft. Italien ist also keine Ausnahme, aber es ist Avantgarde in der politischen Kultur – zuerst war Mussolini, dann kam Hitler, zuerst war Berlusconi, dann kam Trump. Nein, es musste nicht so kommen, doch dass es so gekommen ist, sollte uns zwingen, genau hinzuschauen. Möglich, dass wir dann sehen, was uns Europäer erwartet.

Als die Italiener 1994 Silvio Berlusconi zum Ministerpräsidenten wählten und ihn dreimal im Amt bestätigten, schüttelte das Ausland den Kopf. Wie konnte ein so kultiviertes Volk einem Illusionskünstler vom Schlage Berlusconis hinterherlaufen? Wie konnten die Italiener ihn immer wieder wählen, trotz seiner zahllosen Skandale und Affären? Berlusconi wurde von vielen als eine vorübergehende Verwirrung wahrgenommen, bald schon würden die Italiener wieder auf den rechten Pfad zurückfinden. Doch die Ära Berlusconi dauerte fast zwanzig Jahre. Es gab viele Ursachen für seinen

Erfolg, und es gab eine entscheidende Grundlage. Berlusconi ist mit einem sicheren Instinkt für den Gemütszustand seiner Landsleute ausgestattet – und dieser Gemütszustand wird sehr stark von der Politik Europas beeinflusst.

1996 verlangte die Regierung des Sozialdemokraten Romano Prodi von den Bürgern des Landes einen »außergewöhnlichen Beitrag für Europa« – besser bekannt als *eurotassa*, Eurosteuer. Die Regierung zog direkt von den Bankkonten der Italiener Geld ein, um die Kriterien des Vertrags von Maastricht erfüllen zu können. Somit zahlten die Italiener aus eigener Tasche für den Beitritt zum Euro. Vielen erschien das wie eine Strafe für die eigene Unvollkommenheit. Doch die Italiener waren – wenn auch murrend – bereit zu zahlen, weil sie mit dem Euro viele Hoffnungen verbanden. Europa verlangte es, und die Italiener wollten gute Europäer sein. Sie waren es aus Überzeugung und aus Notwendigkeit, denn sie hatten wenig Vertrauen in die Fähigkeiten der eigenen politischen Klasse. Brüssel sollte die Modernisierung vorantreiben. Die Wege zu mehr Wohlstand führten für viele über Europa, nicht über Rom.

Mit Ausbruch der Eurokrise im Jahr 2010 aber zerstoben diese Hoffnungen. Italien geriet ins Hintertreffen: Die Arbeitslosigkeit stieg, die Kaufkraft sank, die Wettbewerbsfähigkeit ging verloren, der Anteil der Industrieproduktion am Bruttoinlandsprodukt schrumpfte. Es war ein bitteres Erwachen. Und aus Brüssel kamen die ständigen Ermahnungen zum Sparen, zu mehr Disziplin, zu mehr Reformen. Die Italiener sollten so werden wie die Deutschen – doch da das nicht möglich war, entstand das nagende Gefühl des ständigen Ungenügens. Die EU war wie ein strenger Schulmeister, der Italien ohne Unterlass schlechte Noten gab. Die proeuropäischen Eliten des Landes akzeptierten dies ohne großes Klagen. Für sie war Europa etwas, das man nicht hinterfragte – eine Glaubenssache: Wir müssen besser werden. Wir haben viele Schwächen, die wir überwinden müssen. Das war ihr Credo. Berlusconi aber hielt für seine Landsleute eine ganz andere Botschaft bereit: Lasst euch nichts einreden; so wie ihr seid, seid ihr völlig in Ordnung. Ihr seid wunderbar! Seht her: Ich muss mich nicht ändern! Wir müssen uns nicht ändern! Und er lebte dies mit seinem Reichtum, seinen Festgelagen und seinen Frauengeschichten fröhlich vor. Das machte ihn populär. Erst Jahre später sollte man erkennen, dass Berlusconi keine Ausnahme war, sondern ein Vorläufer – ein frühes Modell von Donald Trump, der 2016 überraschend zum US-Präsidenten gewählt wurde. Berlusconi lebte das Modell des radikalen politischen Narzissmus vor.

Das bittere Erwachen kam 2011, als Berlusconi angesichts der drohenden Zahlungsunfähigkeit Italiens zurücktreten musste. Berlin, Paris, Brüssel, die Europäische Zentralbank und der IWF hatten darauf gedrängt. Neuer Ministerpräsident wurde Mario Monti, ein ehemaliger Wettbewerbskommissar der EU, ein überzeugter Europäer und Technokrat mit bestem Ruf. Monti setzte ein eisernes Sparprogramm an und bewahrte Italien – und wohl auch Europa – vor dem Abgrund. Doch auf die Menschen wirkte er wie ein strafender Gott. Es half nicht, dass Professor Monti sich gerne wie ein Mitteleuropäer kleidete und grüne Lodenmäntel trug.

Aber wofür all das Sparen, wofür all die Schmerzen, wofür all der Tadel? Das fragten sich zunehmend mehr Italiener. Die wirtschaftliche Lage Italiens stabilisierte sich nach 2011 zwar, aber sie wurde nicht grundsätzlich besser. Die Wirtschaft stagnierte, der Abstand zu den Nordeuropäern wuchs weiter, die Arbeitslosigkeit sank nicht, die Mittelschicht schrumpfte, das Heer der Italiener, das unter der Armutsgrenze lebt, wuchs rasant an, auf zuletzt über sieben Millionen.

In dieser Situation wirkte die Migration wie ein Brandbeschleuniger. Seit den neunziger Jahren kamen Migranten und Flüchtlinge über das Mittelmeer, doch die Zahlen blieben lange Zeit beherrschbar. Das war auch der Grund, warum kaum jemand in Italien das Dublin-Abkommen in Frage stellte, wonach jenes Land für die Asylanträge zuständig ist, in dem die Asylsuchenden als Erstes ankommen. Das waren nun einmal vor allem die Mittelmeerländer Italien und Griechenland. Erst als die Zahlen anstiegen, erst als klar wurde, dass man es mit einem jährlichen Crescendo zu tun hatte, begannen die Regierungen in Rom darauf hinzuweisen, dass die italienische auch eine europäische Grenze sei und man daher mehr Hilfe erwarte. Die Klagen aus Rom wurden immer lauter, aber sie wurden in Brüssel nicht gehört. Auch das hatte seine Gründe. Die Statistiken sind eindeutig: Italien nahm zu keiner Zeit mehr Menschen auf als Deutschland. Doch Zahlen sind das eine, Gefühle etwas ganz anderes.

Im Jahr 2018 ergab eine Umfrage, dass die Mehrheit der Italiener den Anteil der Nicht-EU-Ausländer in Italien auf 25 Prozent schätzte, in Wahrheit sind es etwas mehr als 7 Prozent.[7] Der Unterschied zwischen Wahrnehmung und Realität ist unter allen EU-Ländern in Italien der höchste. Das ist das Ergebnis jahrelanger Propaganda. Bereits Mitte der neunziger Jahre drohte Umberto Bossi, der damalige Chef der Lega Nord, mit Kanonen auf Boote mit Flüchtlingen und Migranten zu schießen. Das Bild einer Invasion wurde von Politikern wie Medien gleichermaßen benutzt.

Doch die verzerrte Wahrnehmung der Migration allein als Ergebnis politischer Propaganda zu bezeichnen, wäre falsch. Sie ist auch die Folge einer unbestreitbaren Tatsache: Europas Grenzen waren offen, insbesondere, wenn man den Weg über das Mittelmeer wählte. Das wurde nach dem Arabischen Frühling deutlich. Zu Beginn des Jahres 2011 kamen binnen weniger Wochen Tausende Tunesier übers Meer nach Italien. Als in Libyen die Diktatur von Muammar al-Gaddafi nach Aufstand und Bombardement durch die Nato zusammenbrach, wurde das Land zu einem offenen Tor für Migranten und Flüchtlinge aus ganz Afrika. Italien und Europa schienen hilflos zu sein.

Nachdem die Europäer gegen Ende des Jahres 2015 die Balkanroute für Migranten und Flüchtlinge so gut wie geschlossen hatten, verlagerte sich die Migration erneut auf die sogenannte zentrale Mittelmeerroute über Libyen nach Italien. Etwa 170 000 Menschen kamen allein im Jahr 2016 über das Meer. Das löste in Mittel- und Nordeuropa starke Reaktionen aus. Der damalige österreichische Außenminister und spätere Kanzler Sebastian Kurz beklagte, dass die Italiener Migranten »durchwinkten«, auch die deutschen Behörden erhoben ähnliche Vorwürfe. Man traute Italien nicht, wieder einmal. Österreich drohte mit der Schließung der Grenze am Brennerpass. Das hatte eine verheerende Wirkung auf die kollektive Psyche der Italiener – sie fühlten sich zurückgewiesen von Europa, allein gelassen im Mittelmeer, über das immer mehr Menschen in ihr Land kamen.

Ihr Blick in die Zukunft verdüsterte sich immer mehr. 2018 waren 96 Prozent der Italiener mit geringer Schulbildung davon überzeugt, dass sie in ihrem Leben keine Chance mehr hätten, einigermaßen wohlhabend zu werden; bei den Menschen mit höherer Schulbildung waren es immerhin noch 89 Prozent. Rund 270 000 junge Italiener verließen 2017 ihre Heimat auf der Suche nach Arbeit. Gleichzeitig besitzen immer weniger Italiener immer mehr Geld. Doch die italienischen Superreichen kümmern sich nicht um die Lage ihrer Landsleute. Über 67 Prozent von ihnen sagen, dass sie das Geld vor allem genießen wollen. Für über 80 Prozent der Italiener ist inzwischen das Wort »reich« ein Synonym für »egoistisch«.[8]

Wo früher eine Partei mit klassenkämpferischen Parolen diese Ungleichheit attackiert hätte, wo sich früher die Benachteiligten organisiert hätten, um ihren Anteil einzufordern, wo sich früher die unter Druck geratene, verängstigte Mittelschicht organisiert und gewehrt hätte, da ist im heutigen Italien nur mehr ein leerer Platz, auf dem das Ressentiment blüht. Es richtet sich gegen den Migranten, den Flüchtling, den Roma, den Eurokraten, die Eliten, die Experten – das Ziel ist beliebig austauschbar. Die Wut muss sich entladen. »Der Hater ist kein anonymer Mensch mehr, der in die Tasten greift, er ist zu einem anerkannten Protagonisten des Alltags geworden.«[9]

Warum also werden wir aus Brüssel permanent ermahnt? Warum werden wir alleingelassen, wenn wir Hilfe brauchen? Die Nationalpopulisten Italiens stellen durchaus die richtigen Fragen, liefern aber hochexplosive Antworten: Ihr werdet nicht für das, was ihr tut, bestraft, sondern für das, was ihr seid. Das Problem für die anderen ist eure Art und Weise, in der Welt zu sein und in ihr zu leben. Eure Identität ist das Hindernis. Sie soll aus dem Weg geräumt werden. Europa will euch und eure Nation zum Verschwinden bringen.

Diese Botschaft fällt auf fruchtbaren Boden. Am 4. März

2018 wählten über 50 Prozent der Italiener zwei populistische Parteien, die von der Europäischen Union so reden, als handle es sich um einen Feind. Matteo Salvini schreibt in seiner Autobiografie »Secondo Matteo«: »Es gibt Leute, die die Europäische Union als Monster bezeichnen. Ich bin mit dieser Metapher vollkommen einverstanden, denn dieser ›Superstaat‹ steht dem totalitären Regime der alten Sowjetunion in nichts nach. Im Gegenteil: Wahrscheinlich übertrifft er ihn sogar in der Raffinesse seiner Propaganda, seiner Intrigen, die Jahr für Jahr unsere Demokratien weiter aushöhlen.«[10] Sein Regierungspartner Luigi Di Maio von der Partei MoVimento 5 Stelle bezeichnete EU-Kommissare schon mal als Männer, die »auf den Märkten Terror verbreiten«[11], um Italien zu schaden. Die Italiener haben sie bewusst gewählt und damit einen Sprung ins Ungewisse getan. Das ist ihnen nicht passiert, das ist kein Unfall, sondern es war eine Entscheidung, die sich lange angekündigt hatte. Je stärker die Gesellschaft sich mit dem Gift der Bitternis vollsog, desto wahrscheinlicher wurde der Erfolg der Politiker, die vom Schüren des Ressentiments leben. Es ist wie ein sich selbst verstärkender Mechanismus, eine Spirale des Hasses.

Salvini und Di Maio bringen bei jeder Gelegenheit »das Volk« gegen »die Eliten« in Stellung. Aufwiegelung ist ihr Geschäft. Dabei gilt es, keine Zeit zu verlieren. Je komplexer die Welt, desto schneller wollen sie die Schuldigen präsentieren. Das ist eines der Geheimnisse ihres Erfolges. Sie erlösen die Menschen von schwierigen Problemen, indem sie diese zu einfachen Problemen erklären und klare, verführerische Alternativen anbieten.

Als die Morandi-Brücke in Genua zusammenbrach, wandten die beiden sofort ihre bewährte Methode an. Sie attackierten die Eliten – in diesem Fall die Familie Benetton, den Mehrheitsaktionär der Autobahngesellschaft, die für die Brücke die Verantwortung trug.

Die Geschichte der Unternehmerfamilie Benetton ist in vielerlei Hinsicht typisch für Italien. In den achtziger Jahren wurden die Benettons durch bunte Strickwaren weltberühmt, gewissermaßen aus dem Nichts. Dabei haben den Benettons die tabubrechenden Werbekampagnen des Fotografen Oliviero Toscani geholfen. Er arbeitete mit Gegensätzen: Ein Palästinenser und ein Jude stehen sich gegenüber, Papst Benedikt XVI. und der Imam von Kairo küssen sich, ein schwarzer Junge und ein weißes blondes Mädchen umarmen sich. Eines von Toscanis Werbefotos zeigt ein Schlauchboot voller schwarzafrikanischer Flüchtlinge mit rot leuchtenden Schwimmwesten. Die Benettons pflegten ein Image der Liberalität und Offenheit, in der globalisierten Welt schienen sich alle Gegensätze wie von selbst aufzulösen.

Um die Jahrtausendwende verabschiedeten sie sich nach und nach von ihren Strickpullovern und investierten in die Infrastruktur Italiens. Als die Autobahnen privatisiert wurden, waren die Benettons zur Stelle. Sie sind heute Hauptaktionäre der Autobahngesellschaft, die für den Betrieb und den Erhalt der Morandi-Brücke verantwortlich ist. Es ist ein lukratives, milliardenschweres Geschäft; im Jahr 2017 lag der Gewinn bei knapp vier Milliarden Euro.[12] Nach dem Einsturz der Brücke waren die Benettons die ideale Zielscheibe für die Attacken der Populisten – und sie machten es ihnen auch leicht.

Am 15. August 2018, zwei Tage bevor in Genua 19 Opfer des Unglücks in einem Staatsakt zu Grabe getragen wurden, lud die Familie Benetton Freunde und Bekannte in Cortina zu ihrem traditionellen, alljährlich wiederkehrenden Fest des *Ferragosto*, Mariä Himmelfahrt, ein. Es war eine große Zusammenkunft und eine verheerende Botschaft: Die verzweigte Familie Benetton feierte, während Genua trauerte. Tagelang schwiegen die Benettons zu dem Unglück. Erst am Tag des Begräbnisses traten die Spitzen der Autobahngesellschaft vor die Presse und gestanden ein, sich unsensibel verhalten zu haben. Sie wiesen aber jede Schuld am Einsturz der Brücke weit von sich. Man müsse erst die Ergebnisse der Untersuchungen abwarten. So richtig das in der Sache war, so sehr war der Ruf der Autobahngesellschaft längst beschädigt. Sie hatte zu viele offene Flanken geboten. Im Netz zirkulierte ein Ticket der Mautstation von Rapallo, auf dem zu lesen stand, dass ein Fahrzeug die geforderten 2,90 Euro nicht bezahlt habe und innerhalb von 15 Tagen begleichen müsse. Der Zeitpunkt, an dem das Ticket ausgestellt wurde: 14. August 2018, 18:44 Uhr, sieben Stunden nach dem Einsturz der Morandi-Brücke. Bei dem Fahrzeug, von dem das Geld eingefordert wurde, handelte es sich um eine Ambulanz. Sie war auf dem Weg zum Unglücksort nach Genua. Gieriger, kälter konnte eine Elite nicht erscheinen – ein gefundenes Fressen für die Populisten.

Die gescheiterte Revolution
Silvio Berlusconi nutzt seine Chance

»Verehrter Dottore, jeden Tag, an dem ich in ›La Repubblica‹ lese, dass ein Politiker verhaftet wird, füllt sich mein Herz mit Freude.« Offener Brief eines italienischen Bürgers an den Staatsanwalt Antonio Di Pietro, 29. Juni 1992[13]

Der Largo Febo ist im Gegensatz zu dem, was sein Name suggerieren könnte, keine breite, großzügige Straße. Denn in Wirklichkeit handelt es sich um eine enge Gasse. In der touristischen Hochsaison ist sie von einem beständigen Summen erfüllt, unterbrochen nur von den knatternden Motoren der Mofas, Dreiräder und Lieferwagen, die sich auf mörderische Weise durch die Menschenmassen schlängeln. Der Largo Febo verläuft parallel zur Piazza Navona, einer der bekanntesten Sehenswürdigkeiten Roms. An einer Stelle hat er eine schattige, dunkle Öffnung. Dort liegt das Hotel Raphael. Es führt hier, mitten im pulsierenden römischen Leben, eine diskrete, eine zurückhaltende Existenz.

Am Abend des 30. April 1993 versammelt sich am Largo Febo eine kleine Menschenmenge, die darauf wartet, dass einer der prominenten Gäste des Hotels erscheint: Bettino

Craxi, der Vorsitzende der Sozialistischen Partei Italiens. Er war von 1983 bis 1987 Ministerpräsident des Landes und damit einer der am längsten amtierenden Regierungschefs im Nachkriegsitalien. Das Hotel Raphael ist so etwas wie die römische Residenz des gebürtigen Mailänders Craxi. An diesem Abend isst er zusammen mit seinen engsten Mitarbeitern. Am Tisch des verheirateten Craxi sitzt auch, wie die Zeitungen später maliziös-geheimnisvoll anmerken werden, die »Frau, die er liebt«. Draußen bilden Polizisten in Uniform einen Kordon, um Demonstranten auf Distanz zum Hotel zu halten. Beamte in Zivil stehen dicht an der Hauswand und registrieren aufmerksam jede Bewegung in der Gasse. Die Unruhe ist mit Händen zu greifen.

Am Tag zuvor, am Nachmittag des 29. April, hatte das italienische Parlament darüber abgestimmt, ob es die Immunität des Abgeordneten Craxi aufheben solle. Staatsanwälte hatten in insgesamt sechs Punkten Anklage gegen ihn erhoben, darunter wegen Korruption, Erpressung, illegaler Parteienfinanzierung und persönlicher Bereicherung. Um weiter gegen ihn vorgehen zu können, musste das Parlament jedoch eine hohe Hürde nehmen und den Weg freigeben. Denn die Immunität der Abgeordneten hat auch in Italien Verfassungsrang. Sie soll garantieren, dass die gewählten Vertreter des Volkes ihr Mandat frei vom Druck der Straße und ohne Angst vor Verfolgung ausüben können. Craxi hält an diesem Tag im Parlament eine sehr lange und kämpferische Rede, in der er keine Reue zeigt. Im Gegenteil, er attackiert die Staatsanwaltschaft und wirft ihr Amtsmissbrauch vor. Es sei, so Craxi, durch sie ein Klima der Angst und massiver Einschüchterung geschaffen worden. Die ermittelnden Staatsanwälte stellt er in den schwärzesten Farben dar und zitiert aus Thomas Hobbes' »Leviathan«: »Wenn der Richter seine Macht, die Gesetze zu interpretieren, missbraucht, dann herrscht die absolute Willkür. Dann gibt es keine Sicherheit mehr!« Craxi erinnert in seiner Rede auch an den sozialistischen Abgeordneten Sergio Moroni, der sich im Sommer 1992 das Leben genommen hat, nachdem er in Untersuchungshaft gekommen war. Moroni hat seinen Selbstmord in einem Abschiedsbrief begründet. Craxi zitiert daraus: »Ich glaube nicht, dass unser Land sich die Zukunft errichten kann, die es verdient, solange eine Pogrom-Stimmung gegenüber der politischen Klasse erzeugt wird. Wir alle kennen die Mängel dieser politischen Klasse, aber sie hat aus Italien doch eines der freiesten Länder gemacht, in dem die Bürger nicht nur ihre eigenen Ideen zum Ausdruck bringen können, sondern auch alles tun können, um frei nach ihren Fähigkeiten und Möglichkeiten zu leben.«[14] Craxi gibt nicht klein bei. Er leugnet nicht, dass es Verfehlungen gegeben hat, aber er stellt sie in einen größeren politischen Kontext. In das Rund des Parlaments ruft Craxi herausfordernd: »Alle in diesem Raum wissen, dass ein guter Teil der Finanzierung der Parteien illegal war. Die Parteien, insbesondere jene, die über große Apparate verfügen (…), haben sich zusätzlicher Ressourcen auf illegale Weise bedient. Wenn das alles als kriminell gelten soll, dann war ein Großteil des Systems kriminell (…) Alle hier wussten Bescheid, aber keiner hat offen gesprochen.«[15] Er soll für die Sünden aller büßen, so sieht es Craxi. Dazu ist er nicht bereit und spricht von einer ungerechtfertigten, gefährlichen Hetze gegen ihn und seine Partei.

Nach einer langen Debatte entscheidet sich eine Mehrheit der Abgeordneten, Craxis Immunität teilweise aufzuheben.

Die Richter dürfen zwar gegen ihn ermitteln, aber nicht in allen sechs Anklagepunkten. Was sich danach abspielt, scheint Craxis Rede von einer Hetzkampagne recht zu geben. Es kommt zu Tumulten im Parlament. Die Abgeordneten der Lega Nord heben Plakate in die Höhe, auf denen zu lesen steht: »Diebe! Diebe! Ins Gefängnis! Ins Gefängnis!« Parlamentspräsident Giorgio Napolitano ruft immer wieder zur Ruhe auf, er schlägt mit dem Hammer auf den Tisch, er klingelt mit der Glocke – vergeblich –, Parlamentsdiener können einzelne Abgeordnete nur mit Mühe davon abhalten, handgreiflich zu werden. Umberto Bossi, Chef der Lega Nord, sagt den Journalisten »... alles Schweine. Seit Jahren kämpfen wir für die Abschaffung der parlamentarischen Immunität!« Ein Christdemokrat kündigt an, dass man angesichts dieser Entscheidung die »parlamentarische Immunität einer tiefgreifenden Revision unterziehen werde«. Massimo D'Alema, Exkommunist und in späteren Jahren (1998 bis 2000) Ministerpräsident Italiens, diktiert den Journalisten folgende Zeilen in den Block: »Die Politiker haben nicht im Geringsten verstanden, dass es im Volk ein Bedürfnis nach Säuberung gibt!«[16]

Wer daran erinnert, dass eine Immunität die Abgeordneten vor den Launen des Volkes schützen sollte, dass das freie Mandat in einer parlamentarischen Demokratie ein hohes, schützenswertes Gut ist, der wird nicht gehört. Die offenen Drohungen, die mit Gewalt aufgeladenen Worte – kaum jemand scheint darüber besorgt. Im Gegenteil, aus dem Parlament heraus rufen Abgeordnete ihre Anhänger zu Demonstrationen auf. In Rom, Mailand und Bologna gehen Menschen voller Wut auf die Straßen. In Mailand paradieren sie mit einer Craxi-Puppe in Sträflingskleidung durch die Straßen. Craxi wird später in einem Interview mit dem italienischen Staatsfernsehen die treffende Bemerkung machen: »In Italien gibt es keine Todesstrafe mehr, zum Glück!«

»Sie werfen alles, einfach alles!«

Vor dem Hotel Raphael liegt am Abend des 30. April also eine gespannte Ruhe in der Luft. Es gibt Gerüchte, wonach Craxi das Raphael bereits durch einen Hinterausgang verlassen habe, um den Demonstranten zu entgehen. Doch seine Limousine steht vor dem Eingang des Hotels; der Chauffeur wartet im Wagen. Craxi müsste nur ein paar Schritte gehen, schon wäre er im Auto und könnte davonbrausen. Nein, er wird kommen, sind sich die Demonstranten einig; er hat einen Ruf zu verteidigen. Mutig und entscheidungsstark, aber auch autoritär und arrogant, das sind die Attribute, die man ihm zuschreibt. Auch in der Parlamentsdebatte am Tag zuvor war er diesem Ruf gerecht geworden.

Craxi ist ein kantiger Politiker, der seinen Machtwillen weder verbergen will noch kann. Er spricht in langsamen Kadenzen, jedes Wort ist mit Bedacht gewählt. Sein Italienisch ist geschliffen und präzise. Wenn er sich dazu entscheidet, einen politischen Gegner zu attackieren, formt er seine Worte zu scharfen Klingen und lässt sie unerbittlich auf sein Opfer niedersausen. Craxi kann Angst und Schrecken verbreiten; einige Karikaturisten des Landes zeichnen ihn mit großen schwarzen Stiefeln, mit denen er alles niedertrampelt, was sich ihm in den Weg stellt. Er wird wegen seines autoritären und, wie es heißt, dezisionistischen Stils häufig mit Benito

Mussolini verglichen, dem faschistischen Diktator. Das ist gewiss eine Überzeichnung, doch Craxis Erscheinung hebt sich deutlich von den meisten italienischen Politikern der Nachkriegszeit ab. Man muss tatsächlich bis in die zwanziger und dreißiger Jahre zurückgehen, um einen ähnlichen Politikertyp zu finden, bis in die Zeiten des Faschismus, bis zu Benito Mussolini.

Natürlich, Craxi ist kein Faschist, aber darum geht es nicht. Der Vergleich mit Mussolini dient dazu, den Bruch zu verdeutlichen, den Craxis Politikstil für die Zeit der späten siebziger und achtziger Jahre des 20. Jahrhunderts bedeutet. Die italienische Nachkriegszeit hat eine ganze Reihe äußerst fähiger Politiker hervorgebracht, Christdemokraten, Sozialisten, Kommunisten, Liberale. Doch fast ausnahmslos alle sprechen das, was man auf Italienisch *politichese* nennt, eine verschachtelte Sprache, die voller Anspielungen und Andeutungen ist und die nur Eingeweihte wirklich verstehen können. Das ist nicht nur eine Marotte der italienischen Politiker, es ist auch das Resultat einer besonderen politischen Realität des Landes.

Italien ist – nach wie vor – von tiefen Gräben durchzogen. Es gibt den Graben zwischen Norden und Süden, es gibt den zwischen Katholiken und Kommunisten, zwischen den selbstbewussten Städten und der Hauptstadt Rom, zwischen den Regionen und dem Zentrum. Italien ist durchzogen von Spannungen, die sich jederzeit entladen können. Die immerzu schwelenden Konflikte müssen befriedet werden, die Politiker das Unvereinbare vereinen. Das färbt auf ihre Sprache und ihre Erscheinung ab. Diese Politiker wirken wie graue Bürokraten, die über ein besonderes, dem Normalbürger unzugängliches, höchst verschlüsseltes Wissen verfügen. Sie erscheinen weniger gewählte Vertreter einer Demokratie zu sein als vielmehr Mandarine eines Geheimbundes, der zwar in engem Kontakt mit der Öffentlichkeit steht, doch gleichzeitig auf vielfältige Weise von ihr abgeschottet ist.

Der Typus Politiker, der von dieser besonderen italienischen Realität geprägt ist, sitzt in allen Parteien, aber seine eigentliche Heimat ist die Christdemokratische Partei, die Democrazia Cristiana (DC). Seit Gründung der Zweiten Italienischen Republik im Jahr 1948 bis zu ihrer Auflösung 1993 ist sie an allen Regierungen als größte Partei beteiligt, die meiste Zeit stellte sie den Ministerpräsidenten. Wenn hier von Christdemokraten die Rede ist, dann ist viel mehr gemeint als nur Mitglieder der Christdemokratischen Partei. Gemeint ist eine politische Daseinsweise. Sie ist durchwirkt vom Kompromiss und der Fähigkeit, auch tiefste Gräben zu überbrücken – in der Sprache, in der Erscheinung, in der Haltung. Prototyp eines solchen Politikers war der Christdemokrat Aldo Moro. Als es Ende der siebziger Jahre um die Zusammenarbeit der Christdemokratischen Partei mit den Kommunisten ging, sagte Moro, zwischen beiden Parteien gebe es »parallele Konvergenzen«: ein Widerspruch.

Bettino Craxi beherrscht diese Sprache freilich auch, doch er kann aus dieser Einengung ausbrechen, er kann anders sein, klar und gnadenlos. Aus seinem Dezisionismus macht er ein Markenzeichen. Das hat strukturelle Gründe, die sich aus der Wettbewerbssituation, in der sich Craxis Sozialistische Partei Italiens (PSI) befand, erklären. Die Sozialisten haben mit der Kommunistischen Partei einen übermächtigen Gegner. Von der unmittelbaren Nachkriegszeit bis in die achtziger Jahre hinein wird die Kommunistische Partei immer stärker, während die Sozialisten nicht wirklich vom Fleck kommen und sich auf etwas über 10 Prozent der Wählerstimmen einpendeln. Sie können sich gegenüber den Kommunisten nicht entscheidend durchsetzen, das hat politische, aber auch finanzielle Gründe, wovon noch zu reden sein wird.

Craxi hat aus dieser besonderen Konkurrenzsituation eine Reihe von Schlüssen gezogen. Er formt seine Partei weniger zu einer wahlpolitischen als vielmehr zu einer machtpolitischen Maschine, die er als unumstrittener »Führer« lenkt. Mit großer Entschlossenheit nutzt er das relative Gewicht, das die Sozialisten innerhalb des Parteiensystems Italiens haben. Die Christdemokraten dominieren dieses zwar, aber sie brauchen Koalitionspartner. Craxi bietet sich ihnen als Zünglein an der Waage an. 1983 wird er Ministerpräsident und behält das Amt bis 1987 inne. Damit regiert er länger als bis dahin alle anderen italienischen Ministerpräsidenten der Nachkriegszeit. Seine Partei, die Partito Socialista Italiano, erreicht unter seiner Führung 14 Prozent, so viel Zustimmung haben die Sozialisten seit Ende des Krieges nicht bekommen. Der Mann, der am Abend des 30. April 1993 aus dem Hotel Raphael tritt, ist in vielerlei Hinsicht eine einmalige politische Figur.

Was geschieht, als Craxi erscheint, schildert später die italienische Fernsehjournalistin Valeria Coiante: »Wir waren auf der Piazza Navona, da gab es eine Demonstration des Partito Democratico di Sinistra. Ich führte ein paar Routineinterviews. Da kommt mein Kollege Fabrizio Falconi vom TG4 auf mich zu und sagt: ›Lass uns zum Raphael gehen, da versammeln sich eine Menge Leute.‹ Damals waren nur wir beide da, wir und unsere Kameramänner. Vor dem Raphael trennte mich ein Polizeikordon von meinem Kameramann,

ich gab ihm über das Mikrofon Anweisungen. Er trug Kopf-
hörer. Es war die einzige Möglichkeit, mit ihm zu kommunizieren. Es herrschte ein großes Durcheinander. ›Lass die
Kamera immer laufen‹, sagte ich ihm, ›nimm die Plakate
auf und den Mann, der mit dem Tausend-Lire-Schein in der
Hand wedelt …‹ Die Menge schrie immer lauter, ein Meer
von Menschen ergoss sich in die enge Gasse. Die Polizisten
zogen sich die Helme über und hoben die Schilde. Da kommt
Craxi aus dem Hoteleingang. Es gab einen Riesenaufschrei:
›Da ist er, da ist er‹, rufe ich in das Mikrofon, schlüpfe durch
den Polizeikordon und laufe auf Craxis Auto zu. Und plötzlich regnen Münzen, Metalle und alle möglichen Gegenstän-
de auf mich nieder … ›Sie werfen alles Mögliche‹, rief ich
in das Mikrofon. Glasscherben, Münzen, einfach alles …!«[17]

Am Abend wird der Bericht Valeria Coiantes ausgestrahlt,
ungeschnitten. Die verantwortlichen Chefredakteure haben
sich dazu entschlossen, die Szenerie in all ihrer anarchi-
schen Rohheit zu zeigen. Sieben Millionen Zuschauer sehen es. Ihnen ist klar, dass sie Zeugen eines historischen
Moments sind: Sie erleben den Zusammenbruch der italienischen Nachkriegsrepublik. Die öffentliche Demütigung
Bettino Craxis vor dem Hotel Raphael wirkt wie die Hinrichtung des Königs eines Ancien Régime. Ein neues Zeitalter
solle beginnen, das ist die Hoffnung, der Wunsch und der
Glaube vieler Italiener.

Ein neues Italien, aber welches?

Am Abend des 30. April 1993 weiß jedoch niemand, wohin die Reise gehen wird. Doch es ist die Rede von einer Neugründung der Republik. Sie solle sauber sein, gerecht, transparent und demokratisch. So befreiend die Bilder vor dem Hotel Raphael auf viele Italiener auch wirken, so groß die Empörung über die diebische politische Klasse auch ist, so oft die Zeitungen auch »Schande! Schande!« titeln, so deutlich ist zu spüren, dass all diesen Vorgängen etwas Düsteres zugrunde liegt. Die Lust der erregten Menge an der »Hinrichtung« des Königs ist angsteinflößend. Der Hass und die Wut richten sich nicht gegen einzelne Politiker, sondern gegen die Politik insgesamt – vor dem Raphael hebt die Antipolitik ihr hässliches Haupt.

Wen wird der revolutionäre Furor noch alles mit sich reißen? Wie weit wird das Volk in seiner blinden Wut noch gehen? Und wenn der Sturm einmal vorüber ist, was wird noch übrig bleiben von den Parteien, von der politischen Klasse, von der italienischen Republik? Wird die Kraft reichen für einen Neubeginn?

Craxis Rede im Parlament ist zweifellos eine ziemlich unverschämte Selbstrechtfertigung, trotzdem spricht er Wahrheiten aus, die zu dem Zeitpunkt niemand hören will. Dazu gehört nicht nur die Tatsache, dass alle Parteien sich illegal finanziert haben, dass nur wenige Politiker unschuldig sind. Craxi beharrt auf den Leistungen dieser politischen Klasse, die jetzt in toto abgeurteilt wird. Der Mann, der aus gutem Grund angeklagt wurde, der Mann, der sich später wie ein Dieb der Justiz durch die Flucht nach Tunesien entziehen wird, ausgerechnet dieser Mann verteidigt die Würde der Politik gegenüber dem Zorn der Massen. Tatsächlich hat Craxi einiges zu verteidigen: Italien ist unter seiner Führung in den Kreis der größten Industrienationen der Welt aufgestiegen. Während seiner Amtszeit modernisiert er das Land mit großer Entschlossenheit. Er zwingt die Italiener, sich von einer Reihe von Illusionen zu verabschieden: Mitte der siebziger Jahre etwa haben die mächtigen Gewerkschaften die sogenannte *scala mobile* durchgesetzt. Das ist die automatische Anpassung der Löhne der Arbeiter an die Inflation, was ab 1979 auch für die Löhne der Beamten gilt. Als Folge davon schnellte die Inflation nach oben und beträgt Anfang der achtziger Jahre niederschmetternde 21 Prozent. Craxi beginnt, den Mechanismus der *scala mobile* abzuschwächen. Dabei stößt er auf heftigen Widerstand der Gewerkschaften und der Kommunistischen Partei. Für sie hatte die *scala mobile* den Rang einer unantastbaren Errungenschaft. Doch Craxi setzt sich durch und bekommt die Inflation unter Kontrolle. Der Mann hat also eine gute Leistungsbilanz, doch es ist nicht der Moment, das zu würdigen. Die gesamte Aufmerksamkeit liegt auf seinen dunklen Machenschaften; es geht ausschließlich um die kriminelle Seite seiner Politik.

Eine junge, ehrgeizige, eine zerrissene Nation

Doch wie war Italien überhaupt in diese Krise hineingeraten? War der Sturz Craxis nur ein Betriebsunfall oder lag dem Zusammenbruch eine Zwangsläufigkeit zugrunde? Warum »köpften« die Italiener den König, den sie gestern noch gewählt hatten? Warum verfluchten sie eine politische

Klasse, die sie über viele Jahrzehnte durch hohe Wahlbeteiligung legitimiert hatten? Warum dieser plötzliche Sinneswandel des Volkes?

Ein kurzer Ausflug in die Geschichte Italiens gibt Antworten. 1861 war die Einigung nach langen Kämpfen zu großen Teilen endlich gelungen und 1870 vollendet, als das neue Italien dem Papst seine Gebiete entriss. Doch die neue, junge Nation war gegenüber anderen europäischen Nationen rückständig. Ob Produktivität der Wirtschaft oder Alphabetisierung der Bevölkerung, ob Anzahl der Straßen, Brücken und Eisenbahnen, ob Höhe des Einkommens oder Zahl der Universitätsabsolventen – ganz egal, welche Parameter man zugrunde legte, Italien hinkte im Vergleich zu anderen europäischen Nationen weit hinterher. Das war der Elite des Landes schmerzlich bewusst. Manchmal packte sie unverhohlenes Entsetzen beim Anblick des eigenen Volkes, manchmal erfasste sie ungläubiges Staunen darüber, wie unberührt dieses Land von der Moderne geblieben war. Vielen erschien es geradezu barbarisch.

Wie groß die Distanz zwischen Italien und dem modernen Europa war, hat der Schriftsteller Carlo Levi in seinem Roman »Christus kam nur bis Eboli« exemplarisch beschrieben. Der gebürtige Turiner Levi war vom faschistischen Regime 1935 für ein Jahr nach Süditalien in die Verbannung geschickt worden. Die Erfahrungen, die er dort gemacht hatte, beschrieb er als Ereignisse in dem fiktiven Dorf Eboli: »Christus ist wirklich nicht über Eboli hinausgekommen, wo die Straße und der Zug sich von der Küste von Salerno entfernen und tief in die verlassene Landschaft Lukaniens führen. Christus ist nie hier angekommen, auch die Zeit ist nie hier angekommen, auch nicht die Seele des Individuums, auch nicht die Hoffnung, auch nicht die Verbindung zwischen Ursache und Wirkung, die Vernunft der Geschichte. Christus ist hier nicht angekommen, so wie die Römer nicht angekommen sind, die sich darauf beschränkten, die großen Straßen zu bewachen, aber nicht in die Berge und Wälder vordrangen, die Griechen sind hier auch nicht vorgedrungen, deren Zivilisation am Meer blühte: Keiner der waghalsigen Männer des Westens hat seine Vorstellungen über die Zeit bis hierhergebracht, auch nicht seine Vorstellung vom Staat, auch nicht sein beständiges Schaffen, das ihn wachsen lässt. Niemand hat diese Erde berührt, außer als Eroberer oder Feind oder unverständiger Besucher. Die Jahreszeiten gehen hier vorbei mit denselben Mühen für die Bauern wie dreitausend Jahre vor Christus: Keine menschliche oder göttliche Botschaft hat sich an diese unveränderliche Armut gerichtet. Wir sprechen eine andere Sprache: Unsere Sprache wird hier nicht verstanden.«[18]

Dieses entsetzte Staunen zieht sich wie ein roter Faden durch die Geschichte Italiens – zwischen der Vorstellung der Eliten von dem Land, wie es sein sollte, und dem Land, wie es war, klaffte ein gewaltiger Abgrund –, wobei man hier genauer hinsehen muss. Die Vereinigung Italiens 1861 fand unter Führung des Königshauses Piemont statt, und dessen Eliten orientierten sich an Nordeuropa. Sie hatten die jahrtausendealte staatliche Tradition Frankreichs vor Augen, die lebendige parlamentarische Demokratie Großbritanniens und später die unbändige wirtschaftliche Dynamik des 1871 geeinten Deutschlands. Die Piemontesen wollten Italien auf den Stand der anderen großen Nationen Europas bringen und hatten den Ehrgeiz, diese gewaltige Kluft zu überwinden. Das galt für die Eliten der Ära des liberalen Italiens, die von 1861 bis 1914 dauerte, das galt für den Faschismus, der Italien von 1922 bis 1943 fest im Griff hatte. Das galt ebenfalls für die italienische Nachkriegsrepublik, deren Geschichte 1946 begann, als sich die Italiener in einem Referendum mit einer Mehrheit von 54,3 Prozent für die Republik als Staatsform entschieden; 45,7 Prozent stimmten für die Monarchie. Alle diese unterschiedlichen Herrschafts- und Regierungsformen sind gekennzeichnet vom Aufstiegswillen Italiens – und auf dem Weg dahin schreckte die Elite des Landes auch vor massiver Gewalt nicht zurück.

Die Piemontesen stellten sich selbst als Befreier Italiens vom fremden Joch dar, begegneten den Befreiten im Süden des Landes allerdings mit einer Mischung aus Arroganz, Unwissen, Verachtung und Grausamkeit. Luigi Carlo Farini, der vom König 1860 zum Statthalter Neapels ernannt wurde, schrieb dem Innenminister nach Turin: »Die Menschen hier leben wie Schweine in einem Höllenloch (…) sie sind Rechtsverdreher, Lügner und haben das Gewissen von Zuhältern.« Es sei schade, dass die piemontesische Zivilisation das »Auspeitschen« und das »Herausschneiden von Zungen« verboten habe.[19]

Die Befreier aus dem Norden belegten die süditalienischen Regionen mit hohen Steuern, um dem italienischen Königreich eine große Armee und eine Flotte zu finanzieren sowie die Staatsschulden zu bezahlen. Um 1865 hatte Italien ein stehendes Heer von 400 000 Soldaten, das waren mehr, als das Britische Empire zu diesem Zeitpunkt unterhielt. Das neue Italien hatte keine Feinde, die ein solch gewaltiges Heer hätten rechtfertigen können, aber es hatte einen unstillbaren Hunger nach Prestige – und eine unerwartete Aufgabe im Inneren zu erfüllen.

In den Jahren nach der Einigung brachen im Süden Revolten aus. Die Befreier aus dem Norden hatten nach ihrem Sieg gegen den König von Neapel dessen Armee aufgelöst. Mehr als 60 000 Soldaten wurden entlassen, ohne Geld und ohne Beschäftigung landeten sie auf der Straße. Die Zoll- und Steuerpolitik des Königreichs führte dazu, dass die süditalienische Landwirtschaft gewaltigen, teilweise irreparablen Schaden nahm. In Kampanien, Sizilien, Kalabrien und in den Abruzzen kam es zu Aufständen. Die Regierung bezeichnete die Rebellen als »Briganten«, also Plünderer und Brandschatzer, und jagte sie wie wilde Tiere. Camillo Benso Cavour, Piemontese, Architekt der Einigung und erster Ministerpräsident des italienischen Königreiches, ordnete harte Repressionen an. General Enrico Morozzo Della Rocca, Befehlshaber im Süden, richtete Cavour aus, er habe seinen Soldaten befohlen, sich »nicht lange damit aufzuhalten, Gefangene zu machen«. In seiner Autobiografie prahlte er mit der Zahl standrechtlicher Hinrichtungen unter seinem Kommando. Als die Regierung ihm ausrichten ließ, dass er doch lieber nur die *capi*, die Chefs, hinrichten solle, erklärte er kurzerhand alle gefangenen Rebellen zu *capi*.[20]

Um das Jahr 1865 hatte die italienische Armee die Lage schließlich unter Kontrolle gebracht. Wie viele Menschen der Repression zum Opfer gefallen sind, ist schwer zu schätzen, die Zahlen bewegen sich zwischen 6000 und 60 000. Die Regierung unterdrückte Nachrichten über die grausame Repression im Süden, weil sie um ihre Reputation fürchtete. Was sie als Kampf gegen Briganten bezeichnet hatte, war in Wirklichkeit ein regelrechter Bürgerkrieg. Angesichts der Grausamkeit der neuen Herren fragten sich viele Süditaliener, ob die italienische Einigung nicht ein Fehler gewesen war, ob nicht zu viel Blut geflossen war. Giustino Fortunato, süditalienischer Historiker und Politiker, schrieb 1899: »Die Einigung Italiens war eine Sünde gegen die Geschichte und gegen die Geografie!«[21] – und eine Sünde gegen sehr viele Bürger des neuen Italiens.

»Italien ist gemacht, jetzt müssen wir die Italiener machen!« Dieser Satz, der dem piemontesischen Politiker und Maler Massimo d'Azeglio zugeschrieben wird, fasst die zentrale Herausforderung der Eliten des Königreichs Italien zusammen. Doch schon nach kurzer Zeit hatte der Satz einen unheilvollen Klang bekommen. Es ging darum, ein Volk zu schaffen, das dem neuen Staat und seinen Institutionen gegenüber loyal war. Darin sah auch Massimo d'Azeglio den Weg zur Überwindung der Rückständigkeit und die Grundlage für den Aufstieg Italiens zu einer großen europäischen Macht. Nationalgefühl sollte die Italiener von den Fesseln befreien, die sie daran hinderten, ihr Potenzial zu entfalten und den Anschluss an die mächtigen europäischen Nationen zu finden. Aber wie sollten die Bürger im Süden Loyalität gegenüber dem neuen Staat empfinden, wenn er so grausam handelte? Wie sollten die Bürger Loyalität empfinden, wenn das Parlament des neuen Königreichs von weniger als einer halben Million Menschen gewählt wurde? Und wie sollten die katholischen Italiener Loyalität gegenüber einem Staat empfinden, der mit dem Papst de facto in einem Kriegszustand lebte?

1870 waren italienische Truppen mit Gewalt in Rom eingedrungen und hatten der Kirche ihre letzten Territorien entrissen. Papst Pius IX. flüchtete aus seiner Residenz, dem Quirinalspalast, in den Vatikan, wo er sich selbst von da an als Gefangener bezeichnete. Die nationalistische Geschichtsschreibung stellte die Eroberung Roms als einen großen militärischen Sieg dar, aber es war nur ein kurzes Scharmützel gewesen – insgesamt kamen 47 Soldaten ums Leben. Der Papst reagierte auf die Besetzung Roms mit der Exkommunikation des italienischen Königs Viktor Emanuel II. und weigerte sich, das Königreich Italien anzuerkennen. Eine Zusammenarbeit lehnte er ab, obwohl das italienische Königreich versuchte, sie ihm mit allerlei Privilegien schmackhaft zu machen. 1874 erließ der Papst die Bulle *Non expedit* – es lohnt nicht. Demnach sollten Katholiken weder wählen noch sich für Wahlen aufstellen lassen, also jede Teilnahme am politischen Leben des demokratischen Italiens verweigern. Das stürzte viele Italiener in Konflikte und machte die Institutionen des neu gegründeten Staates noch fragiler, als sie es ohnehin schon waren. Der Papst hätte im katholischen Italien die Rolle eines Einigers der Nation spielen können. In anderen europäischen Ländern, zum Beispiel in Spanien, Polen und Irland, gingen der Katholizismus und der Nationalismus eine Verbindung ein, woraus eine mächtige Kraft erwuchs. Nicht so in Italien.

Erst 1913 lockerte der Vatikan das *Non expedit* – im Angesicht der drohenden Wahlerfolge der Sozialisten. Denn die Aussicht, Italien könnte sozialistisch werden, war für die katholische Kirche noch schlimmer als der Gedanke, mit der italienischen Republik zusammenzuarbeiten. 1919 hob der Papst das *Non expedit* schließlich auf; die Katholiken sollten sich jetzt am politischen Leben beteiligen. Der Vatikan wollte den befürchteten, in Wahrheit aber wenig wahrscheinlichen Umsturz der bestehenden Verhältnisse unbedingt stoppen. Zwischen 1919 und 1920 wurde Italien von Demonstrationen, Streiks und Fabrikbesetzungen erschüttert. Die Sozialistische Partei erprobte in manchen Teilen des Landes die Revolution, was zu heftigen Gegenreaktionen führte. Die Faschisten unter Führung von Benito Mussolini schlugen rücksichtslos zurück. Sie genossen die Unterstützung vieler Unternehmer und Großgrundbesitzer, die an den bestehenden Verhältnissen ebenfalls nichts ändern wollten und der amtierenden Regierung Passivität vorwarfen. 1922 übernahm Mussolini schließlich die Macht in Rom. Sieben Jahre später schloss der Vatikan Frieden mit dem italienischen Staat, genauer: mit dem faschistischen italienischen Staat. Die sogenannten Lateranverträge machten den Weg frei für eine ab dann vergleichsweise spannungsfreie Beziehung zwischen Staat und katholischer Kirche.

Die katholische Kirche war jedoch nur der größte Brocken, mit dem es die italienischen Modernisierer zu tun hatten. Es gab noch eine Vielzahl anderer Hürden. Italien war nicht nur in vielen Bereichen rückständig, es war ein äußerst vielgestaltiges, ja zerrissenes Land. Die piemontesische Hauptstadt Turin war dem kulturellen und intellektuellen Leben von Paris viel näher als dem sizilianischen Palermo. Mailands Herz schlug im schnellen, klaren Rhythmus zentraleuropäischer Industriestädte, während aus Neapel eine verwirrende, lebenspralle Kakophonie zu vernehmen war. Während Städte wie Venedig, Verona und Trient mit einem Fuß im habsburgisch geprägten Mitteleuropa standen, lebten Städte wie Tarent, Crotone und Lecce in dem Bewusstsein, einmal Teil der *Magna Graecia* – der großen griechischen Zivilisation – gewesen zu sein. Es war schwer, dieses Land auf einen Nenner zu bringen und einen Konsens unter den Italienern herzustellen, welchen Weg man gemeinsam einschlagen sollte. Manchmal war es buchstäblich unmöglich, sich überhaupt zu verstehen. Dies sollte ausgerechnet der erste große Krieg des geeinten Italiens deutlich machen, der Erste Weltkrieg.

Nach heftigen politischen Auseinandersetzungen zwischen Interventionisten und Nicht-Interventionisten trat Italien 1915 auf Seiten der Triple Entente, Frankreich, Großbritannien, Russland, in den Krieg ein. Die Interventionisten verherrlichten die Gewalt, sie sahen den Krieg als eine spirituelle Erfahrung, als ein reinigendes Feuer an. Der Schriftsteller und Essayist Giovanni Papini listete unter den Vorzügen des Krieges auf, dass Leichen ein besserer Dünger seien als Kunstdünger. »Wir lieben den Krieg und wir werden wie Gourmets davon kosten, solange er dauert. Krieg ist schreckenerregend, und gerade weil er Schrecken einflößt, weil er fürchterlich und zerstörerisch ist, müssen wir ihn mit all unseren männlichen Herzen lieben.«[22] Die italienische Nation sollte in Feuer, Blut und Eisen geboren werden. Das war nicht einfach. Die Italiener waren so widerborstig, so eigensinnig, so sehr ihrer eigenen Scholle verbunden, dass sie sich nur schwer zu einer nationalen Einheit formen ließen. Die Masse der italienischen Soldaten war nicht vom Patriotismus befeuert, sondern vom Überlebenswillen geprägt. Die Kommandierenden ließen Maschinengewehre im Rücken der eigenen Soldaten aufstellen. Wenn sie nicht voranstürmten, wurden sie niedergemäht. Die Soldaten waren schlecht bewaffnet, schlecht gekleidet und schlecht ernährt. Das italienische Oberkommando war sich dessen bewusst, weigerte sich aber, den in Kriegsgefangenschaft geratenen Soldaten Essenspakete schicken zu lassen, weil es fürchtete, den Soldaten in Gefangenschaft könnte es besser gehen als den kämpfenden, was zur Desertion motivieren würde.

Nur die italienischen Offiziere sprachen Italienisch, die einfachen Soldaten redeten meist nur ihren Dialekt und hatten größte Mühe, die Befehle ihrer Vorgesetzten zu verstehen. Das konnte zu mitunter gefährlichen Missverständnissen führen. So hatte eine Einheit lombardischer Soldaten fast auf eine sizilianische Einheit geschossen, weil sie diese nicht verstanden hatte. Italienische Soldaten wurden von Kameraden unter dem Verdacht verhaftet, sie seien Spione des Feindes, weil sie nur gebrochenes Italienisch sprachen, während sie sich untereinander in einem Dialekt unterhielten, der für alle, die nicht aus der betreffenden Region stammten, unverständlich war und somit feindlich klang. Mitunter nutzte die Armeeführung die Dialekte für eigene Zwecke – für die Nachrichtenübermittlung setzte sie gerne sardische Soldaten ein, deren Dialekt für den Feind nur schwer zu verstehen war.

Wie nun die Italiener aber sein sollten, darüber gab es unterschiedliche Vorstellungen, doch allen reformerischen Nationalisten der damaligen Zeit galt die römische Antike als ideeller Orientierungspunkt – mitunter mit grausamen Folgen. General Luigi Cadorna, der Oberkommandierende der italienischen Truppen, war ein Bewunderer der Feldherren der römischen Antike und sah sich selbst in ihrer Tradition. Er erwartete von seinen eigenen Soldaten, dass sie so sind, wie er sich römische Legionäre vorstellte: disziplinierte, furchtlose, todesmutige Mitglieder einer unschlagbaren Kriegsmaschine. Doch die Soldaten konnten diesen Anspruch nicht einlösen, weniger weil es ihnen an Mut und Opferbereitschaft fehlte, sondern weil sie schlecht geführt wurden. Doch Cadorna hielt sich selbst für unfehlbar. Er misstraute seinen Soldaten und begegnete ihnen mit offener Verachtung. Wenn sie Niederlagen einstecken mussten, und das geschah häufig, machte Cadorna die Soldaten dafür verantwortlich. Er unterstellte ihnen Feigheit vor dem Feind. Der Oberkommandierende führte zeitweise die altrömische Strafe der Dezimierung ein, um seine Soldaten zu disziplinieren: Jeder Zehnte der zu bestrafenden Einheit wurde hingerichtet. Als Verbrechen betrachtete Cadorna bereits die Tatsache, dass es einer Einheit nicht gelungen war, eine feindliche Stellung zu erobern. In seinen Augen war das keine Niederlage, die ihre Ursachen hatte – für ihn war das Befehlsverweigerung. Cadorna verachtete seine eigenen Leute, weil sie nicht so waren, wie er sie sich vorstellte. Die römische Antike war für einen Teil der italienischen Eliten der Zeit geradezu eine Obsession, mit der freilich auch eine quälende Frage verbunden war: Warum war die italienische Halbinsel, Ursprung einer der größten und erfolgreichsten Zivilisationen der Weltgeschichte, so ins Hintertreffen geraten? Wie war dieser Niedergang nur zu erklären? Und wie konnte er überwunden werden?

Der italienische Faschismus antwortete auf die ihm eigene pompöse Weise: Macht sei eine Frage des eisernen Willens. Benito Mussolini verkündete: »Nur Gott kann den faschistischen Willen beugen, niemals aber die Menschen oder die Dinge.« Er versprach, das Römische Reich wieder zu errichten: »Das zu tun, ist ein Zeichen der Vitalität der Nation.«[23] Die grausame Unterwerfung Äthiopiens, bei der die italienischen Truppen ausgiebig Giftgas einsetzten, war für die Faschisten nur ein Baustein des neu zu errichtenden Römischen Reichs. Mussolini nannte das Mittelmeer so, wie die Römer es genannt hatten: *mare nostrum*. Wie einst die Römer, so wollten die Faschisten das Mittelmeer von Gibraltar bis zum Bosporus, vom Maghreb über die Riviera, von Dalmatien bis in die Levante kontrollieren. Das gelang ihnen nicht, ihr Größenwahn endete in einem Desaster. 1945 wachte Italien aus seinen faschistischen Träumen auf, geschlagen, ernüchtert, verzweifelt – und immer noch mit der alten Frage konfrontiert: Wie können wir Anschluss an die fortschrittlichen Nationen Europas finden?

Nach 1945 versuchten die Regierenden, die Modernisierung ihrer Nation über das europäische Einigungsprojekt zu erreichen. Sie wollten dem entkommen, was sie »das mediterrane Schicksal« nannten, ein Leben in der ewigen Verdammnis der Armut. Das italienische Volk aber begegnete allem, was von oben kam, weiter mit großem Misstrauen. Der brutale Einigungsprozess im 19. Jahrhundert, die uneingelösten großartigen Versprechen und die katastrophale Erfahrung mit dem Faschismus hatten diese Gefühle noch verstärkt. Den Mächtigen war nicht zu trauen, der einfache Mann fürchtete ihre Gier und ihre Rücksichtslosigkeit. Für viele Italiener ähnelte der Staat einer Raubritterburg auf einem fernen Hügel. Ab und an öffneten sich die Tore, und die Ritter fielen plündernd über das Land und seine Leute her. Dann zogen sie sich mit ihrer Beute wieder hinter ihre Mauern zurück. War das Geplünderte aufgebraucht, verprasst und verschwendet, öffneten sich die Tore der Burg erneut, und heraus brausten die Ritter im stampfenden Galopp. Es war ein wiederkehrender Zyklus der Ausbeutung.

Eine moderne Raubritterburg

Der italienische Journalist und Gründer der linksliberalen Zeitung *La Repubblica*, Eugenio Scalfari, nannte Bettino Craxi 1985 »Ghino di Tacco«. Dieser war ein toskanischer Edelmann und Raubritter aus dem 13. Jahrhundert. Er residierte in der Burg von Radicofani an den Hängen des Apennins, unweit der toskanischen Stadt Siena. Wer nach Rom pilgerte oder von Rom kam, der musste an dieser Burg vorbei. Ghino di Tacco wusste ihre günstige Lage zu nutzen und verlangte Wegegeld. Wer sich weigerte, dem drohte Schlimmes. Übertragen auf Craxi, den Vorsitzenden der drittgrößten Partei Italiens, meinte Scalfari, er nutze seine relative Macht und seine strategische Position auf ebenso rücksichtslose Weise wie einst der mittelalterliche Raubritter.

An Craxi führte in den achtziger Jahren tatsächlich kein Weg vorbei, obwohl er mit seiner Partei nie mehr als 14 Prozent der Wählerstimmen bekam. Das war weniger als die Hälfte der Stimmenanteile seines Koalitionspartners, der Democrazia Cristiana, und weniger als die Hälfte seines größten Konkurrenten, der Kommunistischen Partei. Die Christdemokraten brauchten Koalitionspartner, um zu regieren, und die Kommunisten waren wegen des Kalten Krieges de facto von der Macht in Rom ausgeschlossen – eine Situation, in der sich Craxi unentbehrlich machen konnte. Den Spitznamen, den ihm der Journalist Scalfari angehängt hatte, trug er mit einem gewissen Stolz. Seine Kommentare in der sozialistischen Parteizeitung *Avanti!* signierte er bald keck mit Ghino di Tacco. Allerdings präsentierte er sich als Raubritter mit einem Herz für die Nöte des Volkes. Er stilisierte sich zu einer Art Robin Hood, der den Reichen nahm, um den

Armen zu geben. Wenn ich hart und gnadenlos bin, wenn ich zuschlage wie ein Schläger, wenn ich jede sich bietende Chance eiskalt und schnell nutze, dann tue ich das alles für euch – das war die implizite Botschaft des Mannes, der sich gerne Ghino di Tacco nennen ließ. Spätestens 1993 bekam Craxis zur Schau gestellte Unverfrorenheit einen üblen Beigeschmack. Die ermittelnden Richter beschuldigten ihn, wie ein klassischer Erpresser zu handeln. Öffentliche Aufträge gab es für Unternehmer nur gegen Zahlung von Schmiergeldern. *Tangenti* ist das italienische Wort dafür. Die gewaltige Korruption, die 1992 aufflog und in dem Zusammenbruch der Zweiten Italienischen Republik mündete, wurde entsprechend *Tangentopoli* genannt. Es begann mit einer unspektakulär erscheinenden Polizeiaktion. Im Februar 1992 verhaftete die Polizei Mario Chiesa, einen sozialistischen Mailänder Lokalpolitiker und Verwaltungsdirektor des traditionsreichen Seniorenheims Pio Albergo Trivulzio. Der ermittelnde Staatsanwalt Antonio Di Pietro erinnerte sich mit folgenden Worten an diesen Tag: »Am 17. Februar 1992, es war ein kristallklarer Wintertag, empfing Chiesa in seinem eleganten Büro einen bescheidenen Unternehmer, Luigi Magni, der die Reinigungsarbeiten im Pio Albergo Trivulzio besorgte.

›Hier ist das Geld‹, sagte Magni seelenruhig.

›Nur sieben Millionen?‹, antwortete Chiesa in überheblichem und anmaßendem Ton. (Sieben Millionen Lire entsprechen rund 3500 Euro, Anm. d. A.)

›Ja, ich konnte nicht die gesamte Summe aufbringen, vor allem nicht so, in bar.‹

›Aber wir hatten eine Vereinbarung …‹

›Ich weiß, Herr Ingenieur. Ich werde die anderen sieben Millionen bringen.‹

Chiesa stand hinter einem schweren Schreibtisch aus Nussholz. Er nahm 70 Scheine zu 100 000 Lire in die Hand, öffnete die Schreibtischschublade und warf das Geld hinein. Magni versuchte, ihn zum Sprechen zu bringen. Er hatte einen Aktenkoffer, in den eine Mikrokamera eingebaut war, und in seiner Jacke war eine Abhörwanze angebracht. Ein paar Minuten später flog die Tür zum Büro auf. Doktor Antonio Di Pietro und ein Hauptmann der Carabinieri, Roberto Zuliani, drangen zusammen mit drei Polizisten in Zivil ein. Als Chiesa sagte: ›Diese sieben Millionen gehören mir!‹, antwortete Di Pietro: ›Nein, diese Gelder gehören uns!‹«[24]

Antonio Di Pietro war Mitglied des Teams *Mani Pulite* – fünf Staatsanwälte, die sich zusammengetan hatten, um den italienischen Augiasstall auszumisten. Binnen weniger Monate stürzten fast alle politischen Führungsfiguren Italiens. Gestern noch unberührbar, mussten sie sich heute vor den Augen der Öffentlichkeit in den Gerichtssälen der Republik verhören lassen. Das gesamte Parteiensystem der Nachkriegszeit brach zusammen, kein Stein blieb mehr auf dem anderen. Die Democrazia Cristiana löste sich auf, die Sozialisten versanken in der Bedeutungslosigkeit, die Liberale Partei verschwand von der Bildfläche, ebenso wie die Republikanische Partei. Die Kommunistische Partei, die sich nach dem Fall der Berliner Mauer in Partito Democratico della Sinistra umbenannt hatte, blieb zunächst von den Ermittlungen einigermaßen verschont.

Im Mai 1994 zogen die Behörden Craxis Pass ein, doch er war schon außer Landes. Über Frankreich setzte er sich nach Tunesien ab, wo er ein Haus besaß. 2000 starb er an den Folgen einer Diabeteserkrankung im »tunesischen Exil«, wie er seinen letzten Aufenthaltsort nannte. Vor der Justiz und dem

Zorn des Volkes geflüchtet und in Abwesenheit zu mehr als 28 Jahren Haft verurteilt.

Auf der Suche nach der Wahrheit, die es nicht gibt

Während die Unantastbaren von einst in Schimpf und Schande stürzten, stiegen Richter wie Antonio Di Pietro zu Volkshelden auf. Die Geschichte schien einfach zu sein: hier die räuberischen Politiker, dort das betrogene Volk. Hier der Dieb Craxi, dort die ausgepressten Italiener. Doch die Dinge waren etwas komplizierter. Das Volk und seine Politiker hatten über viele Jahrzehnte eine vielschichtige Beziehung entwickelt. Bei genauerer Betrachtung gab es keine eindeutige Rollenverteilung in Gut und Böse. Mag sein, dass »Raubritter« wie Craxi und Konsorten über das Land herfielen, mag sein, dass viele Menschen ihnen nicht entkommen konnten – doch die Raubritter waren Kinder desselben Landes wie ihre Opfer. Die Eliten, die seit der Gründung Italiens versucht hatten, das Land nach ihren Vorstellungen zu modernisieren, glaubten, sie könnten den Fortschritt bringen, weil sie besser gebildet, aufgeklärter, weltgewandter waren als die Masse des Volkes, das im Stillstand verharrte und sich nicht von der Scholle lösen konnte. Dazu gehörte das beständige Misstrauen gegenüber den Vertretern des Staates, das sture Festhalten an lokalen Identitäten, die Gleichgültigkeit gegenüber der *res publica*, die tiefe Zersplitterung, die Unfähigkeit zum gruppenübergreifenden Konsens, ja die Unmöglichkeit, eine Wahrheit zu finden, die allgemein akzeptiert werden konnte. 1972 schrieb der Schriftsteller Ennio Flaiano folgende, geradezu verzweifelten Zeilen: »Das Alter hat mir die Gewissheit gebracht, dass man nichts klären kann: In diesem Land, das ich liebe, existiert die Wahrheit einfach nicht. Viele kleine und weniger wichtige Länder als das unsere haben ihre Wahrheit, wir haben davon endlos viele Versionen. Die Ursache? Ich überlasse den Historikern, den Soziologen, den Psychoanalytikern, den Runden Tischen die Aufgabe, die Ursachen zu finden, ich leide unter den Folgen. Und mit mir wenige andere. Denn fast alle haben eine Lösung anzubieten: ihre Wahrheit. Das heißt, etwas, das nicht ihren Interessen widerspricht. An die Runden Tische muss man freilich auch Kunsthistoriker einladen, die erklären, welchen Einfluss der Barock auf unsere Psyche hatte. In Italien nämlich ist der kürzeste Weg zwischen zwei Punkten die Arabeske. Wir leben in einem Netz aus Arabesken.«[25]

Es gab keinen festen Boden, es gab Treibsand, in dem jeder und alles versinken konnte. Die Eliten waren der Illusion aufgesessen, sie könnten von alldem unberührt bleiben. Sie glaubten, sie könnten, obwohl sie doch selbst Italiener waren, all die problematischen Eigenschaften ihres Landes mit einem Willensakt ablegen. Es war der Selbstbetrug der Modernisierer von oben – sie glaubten, anders zu sein als das Volk, das sie bessern wollten. Doch selbst wenn das zutraf, jede politische Klasse braucht ein Mindestmaß an Zustimmung. Sie braucht Legitimität. Das galt selbst für die faschistische Diktatur, umso mehr galt es für die italienische Nachkriegsrepublik. Politiker und Volk gingen eine Beziehung ein, die nicht allein auf Zwang beruhte. In den Programmen der Parteien konnte man zwar nachlesen, welche Ideale sie verfolgten, wohin sie das Land führen wollten, doch nach und nach ergaben sie sich den gesellschaftlichen Notwendigkeiten. Sie wurden zu einem Spiegelbild des Landes, wie es eben war, und nicht des Landes, wie es sein sollte. *Il paese legale* – ein gesetzestreues, reformfreudiges, wettbewerbsfähiges Land –, von dem die Eliten träumten, wurde vom Gewicht des *paese reale*, von dem realen Land, erdrückt. Es kam es zu einer Kolonisierung der staatlichen Institutionen durch eine Vielzahl von Gruppen und Grüppchen, die bestens organisiert ihre eigenen Interessen mit großer Entschlossenheit und wenig Rücksicht auf die *res publica* verfolgten. Die politischen Parteien dienten dabei als Vehikel dieser Kolonisierung. Sie gingen mit den Bürgern ein klientelistisches Verhältnis ein, das – etwas vereinfacht gesagt – auf einem Tauschgeschäft beruhte: Ich bekomme deine Stimme, du bekommst dafür Arbeit, Zuwendungen, Privilegien. Das freilich machte die Beziehung zwischen Politikern und Bürgern äußerst fragil und unberechenbar. Wenn die Politik nicht mehr liefern kann, entzieht ihr der Bürger, der Untertan sehr schnell die Unterstützung, dann wendet er sich ab und sucht sich einen neuen Herrn, der bieten kann, was dem alten nicht mehr gelingt.

Auf einer abschüssigen Bahn

Es lässt sich ziemlich genau datieren, wann dieses Tauschgeschäft den italienischen Staat als Ganzes zu belasten begann. Im Jahr 1961 wurde das in Artikel 81 der italienischen Verfassung festgelegte Prinzip, wonach »Ausgaben und Einkommen des Staates im Gleichgewicht« stehen sollten, aufgeweicht. Bis dahin war ein ausgeglichener Staatshaushalt für alle Parteien ein Ziel, über das politischer Konsens herrschte: Schulden machen war verpönt. Etwas, das weder wirtschaftlich sinnvoll noch moralisch erlaubt war. Doch dieses Prinzip wurde damals im Namen des keynesianischen *deficit spending* nach und nach aufgegeben – der Staat machte Schulden, um die Nachfrage zu stimulieren, die Konjunktur anzukurbeln und damit Arbeitsplätze zu schaffen. In den sechziger Jahren des 20. Jahrhunderts hatte sich auch anderswo in Europa diese Idee durchgesetzt. Regierungen vieler europäischer Länder begannen, sich dieses Instruments zu bedienen. Italien bewegte sich innerhalb eines europaweit geltenden Kanons, doch es entwickelte bald schon seine Besonderheiten. Das *deficit spending* war als ein Instrument gedacht, das in Zeiten der Krise eingesetzt werden sollte. Sobald die Konjunktur wieder anlief und die Steuereinnahmen wieder sprudelten, sollte der Staat seine Ausgaben zurückfahren und zu einem ausgeglichenen Staatshaushalt zurückkehren, zu der bewährten wirtschaftlichen Tugend staatlicher Enthaltsamkeit.

Doch Italien hatte mit massiven Anomalien zu kämpfen, darunter das gewaltige wirtschaftliche Gefälle zwischen dem Norden und dem Süden des Landes. Es bestand seit der Einigung und hatte sich nicht wesentlich verringert. 1950 richtete die christdemokratische Regierung die *Cassa per il Mezzogiorno* ein, einen staatlich alimentierten Topf zur Förderung des Südens. Die Tageszeitung *Gazzetta per il Mezzogiorno* beschrieb die Einrichtung der *Cassa per il Mezzogiorno* mit folgenden Worten: »Als der Vater einer vielköpfigen Familie bemerkt, dass er nicht allen seinen Kindern die gleichen Möglichkeiten gegeben hat, richtet er die Cassa für den

Mezzogiorno ein. So werden die benachteiligten Söhne die Ärmel hochkrempeln, weil sie sich der erneuerten väterlichen Liebe sicher sein können. Sie werden die Erde urbar machen und sich neue, gewaltige Opfer aufladen und wieder Hoffnung schöpfen. Doch dann bemerken sie, dass das Gefälle zwischen ihnen und den anderen zu groß ist. Die privilegierten Kinder können es sich erlauben, ihre Brüder in den Dienst zu stellen und ihnen mehr zu bezahlen, als sie durch ihre harte Arbeit verdienen können. Diese Söhne, erneut betrogen, verlassen ihr Land, ihre Familien, ihre Liebe, für die Fata Morgana einer besseren Zukunft bei ihren reicheren Brüdern. Und so beginnt die größte Migration in der Geschichte des Landes. Während die *Cassa per il Mezzogiorno* blind und gleichgültig gegenüber dieser Entwicklung die berühmten Kathedralen in der Wüste errichtet. Am Ende also hat der wenig umsichtige und wenig vorausschauende Vater, indem er es allen recht machen wollte, alle enttäuscht, die reichen Söhne im Norden beklagen sich darüber, dass sie schikaniert wurden, die armen Söhne aus dem Süden beklagen sich darüber, dass sie arm geblieben sind, während Mutter Erde, trocken und entwaldet, ihrer wenigen Reichtümer beraubt wurde.«[26]

Die »Kathedralen in der Wüste« wurden bald zu einem geflügelten Wort. Durch die *Cassa per il Mezzogiorno* wurden Fabriken in eine Landschaft gesetzt, die dafür nicht die Voraussetzungen bot. Deshalb entfalteten sie auch nicht die gewünschte Wirkung. Das riesige Stahlwerk von Tarent, das bis heute existiert und sehr lange durch staatliche Subventionen am Leben erhalten wurde, steht stellvertretend für alle anderen »Kathedralen«. Natürlich gab es auch sinnvolle Investitionen, der Bau von Straßen, die Trockenlegung von Sümpfen, die Erweiterung des Trinkwassernetzes, doch das konnte die massive innerstaatliche Migration Hunderttausender in die Industriestädte des Nordens nicht wesentlich bremsen. Das Hauptproblem war, dass die *Cassa per il Mezzogiorno* nicht von Beamten, sondern von Politikern geleitet wurde. Sie trafen die Entscheidungen, für wen, für was und wann und wo wie viel Geld investiert werden sollte. Dabei spielten nicht nur ökonomische Kriterien eine Rolle, sondern politische, oder besser: wahltaktische Überlegungen. Es ging im Kern um ein Tauschgeschäft: Investitionen gegen Wählerstimmen. Das wirtschaftspolitische Instrument des *deficit spending*, das für begrenzte Zeit eingesetzt werden sollte, wurde zu einem dauerhaften Instrument, das der Beschaffung eines Konsenses diente. Die *Cassa per il Mezzogiorno* war dafür nur ein herausragendes Beispiel. 1950 eingerichtet, war sie ursprünglich auf zehn Jahre befristet worden. Sie blieb aber bis ins Jahr 1992 bestehen – 42 Jahre lang.

Das keynesianische *deficit spending à la italiana* wurde bald zu einem weitverzweigten Programm, das der Befriedigung materieller Interessen einer Vielzahl von Gruppen diente, ohne dass dies zu einem wirklich positiven ökonomischen Effekt geführt hätte. Jeder Politiker hatte seine Klientel, von der er gewählt werden wollte. In den Programmen der Parteien war immer noch von großen gesellschaftlichen Reformen die Rede, von Wohlstand, Frieden und Sicherheit für alle Bürger, von einer gerechten Justiz, von der Solidargemeinschaft, vom Wert der *res publica* – von einem Land also, wie es sein sollte und sein könnte –, aber die Parteien hatten sich längst schon an das Land, wie es war, angepasst. Sie konzentrierten sich darauf, Zustimmung über materielle Zuwendungen zu organisieren. Diese klientelistische Beziehung zwischen Parteien und Wählern schlug sich schnell im Staatshaushalt nieder. Ab den sechziger Jahren stiegen die Schulden der öffentlichen Hand unaufhörlich. Zwischen 1960 und 1983, dem Jahr, in dem Bettino Craxi zum Ministerpräsidenten gewählt wurde, verdoppelte sich die Verschuldung von 31 Prozent des Bruttoinlandsprodukts auf 62 Prozent. Auch andere europäische Länder nahmen Schulden auf. In Belgien und in Irland etwa stieg die Verschuldungsquote ähnlich rasant an, aber nur in Italien hat sich der Trend bis heute niemals umgedreht. In manchen Jahren verlangsamte er sich, doch das Land rutschte immer tiefer in die roten Zahlen. Im Jahr 2018 lag die Schuldenquote bei schwindelerregenden 131 Prozent des Bruttoinlandsprodukts.[27]

Die Politik der im Mai 2019 angetretenen Regierung von Lega und M5S bewegt sich in dieser Tradition. Ihr erster Haushalt nahm mehr Schulden auf, als mit der Europäischen Union vereinbart war. Ein Großteil des Geldes wurde für das Bürgergeld *(reddito di cittadinanza)* und für die Rückabwicklung einer von der Vorgängerregierung durchgesetzten Rentenreform eingesetzt: beides Maßnahmen, die zwar Geld in die Taschen der Bürger bringen, den Staatshaushalt aber weiter belasten, ohne das dringend nötige Wirtschaftswachstum auszulösen – beides Maßnahmen in bester italienischer klientelistischer Tradition. Sie schaffen Abhängigkeiten, aber keine nachhaltigen Arbeitsplätze.

Ein Geschenk mit dramatischen Folgen

Zu den politischen Besonderheiten Italiens gehörte die Existenz einer großen Kommunistischen Partei (KPI), was ebenfalls Folgen für den Staatshaushalt hatte. Auch wenn sich die KPI im Lauf der Nachkriegsgeschichte schrittweise von der Sowjetunion löste und eigenständiger wurde, auch wenn sie sich nach und nach mit Marktwirtschaft und Demokratie versöhnte, so blieb das selbsternannte Paradies der Arbeiter und Bauern im Osten Europas doch für viele Jahre ihr Orientierungspunkt. Während des Kalten Krieges war das Grund genug, die KPI von der Regierungsmacht in Rom fernzuhalten – dies hatte aber auch seinen Preis. Die KPI ließ sich dafür »bezahlen«, dass sie ihren Radikalismus nicht auslebte. Die Einrichtung der *scala mobile*, der gleitenden Lohnanpassung, ist ein Beispiel dafür. Die regierenden Parteien, allen voran die Christdemokraten, reagierten auf die Tatsache, dass die KPI durch Wahlerfolge immer näher an das Zentrum der Macht heranrückte, indem sie die Italiener großzügig beschenkten.

Zwischen Weihnachten und Silvester 1973, am 29. Dezember, erhielten die Beamten des Staates ein besonders großes Geschenk, das die nachkommenden Generationen noch belasten würde. Die christdemokratisch geführte Regierung setzte per Dekret die sogenannten Babyrenten ein: Verheiratete Beamtinnen mit Kindern konnten nach 14 Jahren, sechs Monaten und einem Tag Dienstzeit in Rente gehen. Männliche Staatsdiener sowie unverheiratete Frauen ohne Kinder konnten nach 20 Jahren Dienstzeit ihren Abschied nehmen. 17 000 Bürger hörten mit 35 Jahren auf zu arbeiten, 78 000 gingen im Alter zwischen 35 und 39 in Rente. Da ihre Lebenserwartung heute bei 85 Jahren liegt, werden diese Rentner während ihres Lebens ungefähr das Dreifache von dem bekommen, was sie einbezahlt haben. Bis heute kosten diese Babypensionen den Staat jedes Jahr 7,5 Milliarden Euro.

Dieses teure und so folgenreiche Dekret muss man auch im Kontext internationaler Entwicklungen des Jahres 1973 sehen. Es war das Jahr des Jom-Kippur-Krieges: Ägypten, Syrien und andere arabische Staaten griffen Israel am Tag des höchsten jüdischen Feiertages an. Israel wehrte sich erfolgreich. Eine der Folgen des Krieges war, dass die ölproduzierenden arabischen Länder beschlossen, ihre Fördermengen zu senken. Sie lösten damit eine Ölknappheit in den europäischen Ländern aus. Die italienische Regierung reagierte darauf, indem sie den autofreien Sonntag einführte und durchsetzte, dass Fernseher in Privathaushalten um 22:45 Uhr ausgeschaltet wurden, um Energie zu sparen. Sparen, einschränken, den Gürtel enger schnallen – das waren die politischen Schlagworte dieser Krise.

Ebenfalls im Jahr 1973 geriet die Führungsnation des Westens in schwere Turbulenzen. Im Januar unterzeichneten die USA das Pariser Abkommen, das sie zu einem bedingungslosen Abzug aller Truppen aus Vietnam binnen sechzig Tagen verpflichtete. Fast 60 000 amerikanische Soldaten waren in diesem Krieg gefallen, zwischen drei und vier Millionen Vietnamesen waren ums Leben gekommen. Das Pariser Abkommen war das Eingeständnis einer demütigenden Niederlage. Ein Jahr zuvor hatte die Watergate-Affäre eine innenpolitische Krise ausgelöst, die dazu führte, dass US-Präsident Richard Nixon 1973 zurücktrat. Diesen großen Vertrauensverlust in die Führungsmacht des Westens nahm die Kommunistische Partei Italiens als weiteren Beleg für den unaufhaltsamen Niedergang des westlich-kapitalistischen Systems und fühlte sich im Aufwind. Das Geschenk der italienischen Regierung an die Staatsdiener war also auch eine Maßnahme zur Eindämmung der erstarkenden Kommunisten.

Das alte Spiel funktioniert nicht mehr

Obwohl es von Anfang an Kritik an dieser Rentenregelung gab, hielt sie sich mit Abstrichen bis 1992, als *Tangentopoli* schließlich wie eine Eiterbeule platzte. Diese Gleichzeitigkeit war kein Zufall. Die Parteien wurden vom Korruptionsskandal verschlungen, die Privilegien, die sie über Jahrzehnte mit vollen Händen verteilt hatten, wurden nun noch stärker in Frage gestellt. Da der politische Patron verschwunden war, rückten die Kosten dieser Privilegien für den Staat und die Gesamtwirtschaft ins Rampenlicht.

Das galt umso mehr, als die Mitgliedstaaten der Europäischen Gemeinschaft just im Jahr 1992 die Maastricht-Verträge unterzeichneten. Sie legten damit den Grundstein zur weiteren Integration der europäischen Staaten. Unter anderem lag das Ziel der Verträge darin, eine gemeinsame Währung vorzubereiten. Auf dem Weg dorthin verpflichteten sich die Unterzeichner, bestimmte Kriterien einzuhalten: Das jährliche Defizit durfte nicht mehr als 3 Prozent des Staatshaushalts betragen und die Schuldenquote nicht über 60 Prozent des Bruttoinlandsprodukts liegen. Auch Italien unterzeichnete die Verträge. Das bedeutete zweierlei: Zum einen geriet das Gebaren der italienischen politischen Klasse in das grelle Licht des europäischen Einigungsprozesses, zum anderen verringerte sich der Spielraum klientelistischer Politik. Italiens Parteien konnten nicht mehr mit Geld um sich werfen, ohne sich zumindest Mahnungen, wenn nicht sogar die Androhung von Sanktionen aus Brüssel anhören zu müssen. Die hemmungslose Verschuldung endete mit den Maastrichter Verträgen allerdings nicht, alte Gewohnheiten sterben langsam, aber diese Tradition wurde zumindest problematisiert, und zwar auf der großen europäischen Bühne.

Die Politiker, die ab 1992 vor Gerichten rechtskräftig verurteilt worden waren, waren jedoch nicht nur Diebe. Sie waren auch Patrone, die über viele Jahre ihre Klienten bedient hatten. »Diebe! Diebe!«, schrien die Menschen vor dem Hotel Raphael. Sie »köpften« den König Bettino Craxi und erkoren den Staatsanwalt Antonio Di Pietro zum neuen Helden. Neben all dem berechtigten Zorn war da auch viel Scheinheiligkeit im Spiel. In jenen Szenen entlud sich die Wut des kleinen Mannes über den Patron, der durch seine Maßlosigkeit ein bewährtes System zum Einsturz gebracht hatte. Für viele war es lange gut gegangen. Die Kosten der Patron-Klienten-Beziehung wurden in Form eines immer weiter anwachsenden Schuldenberges auf die Zukunft abgewälzt. Und künftige Generationen können nicht wählen. Aber war wirklich die Maßlosigkeit einer räuberisch gewordenen politischen Elite die Ursache für den Zusammenbruch? Oder gab es andere Gründe? Warum zerfiel ein über Jahrzehnte bewährtes System ausgerechnet im Jahr 1992?

Begonnen hatte *Tangentopoli* mit der Verhaftung des sozialistischen Mailänder Politikers Mario Chiesa. Auf den ersten Blick war das nichts Spektakuläres. Die Zeitungen brachten in den ersten Tagen darüber lediglich kurze Meldungen.

Italien war in Sachen Korruption einiges gewohnt. 1974 etwa wurde bekannt, dass die italienischen Erdölfirmen Schmiergelder im großen Stil an Regierungsparteien bezahlt hatten. 1976 erfuhren die Italiener, dass der amerikanische Rüstungskonzern Lockheed italienische Politiker geschmiert hatte, um an lukrative Aufträge zu kommen. Der damalige Staatspräsident Giovanni Leone musste wegen des Lockheed-Skandals 1978 zurücktreten. Später sollte sich allerdings herausstellen, dass er darin nicht direkt verwickelt war. 1980 wurde bekannt, dass der Bauunternehmer Francesco Gaetano Caltagirone die Christdemokratische Partei regelmäßig mit großen Summen Geld versorgt hatte. Damals führte die Tageszeitung *La Repubblica* ein spektakuläres Interview mit dem christdemokratischen Minister Franco Evangelisti, der in aller Offenheit über die illegalen Praktiken sprach.

»Herr Minister Evangelisti, haben Sie Geld von Caltagirone angenommen?«

»Sicher, von Gaetano. Ich bin ein Freund von Gaetano Caltagirone (…)«

»Wie viel Geld?«

»Wer kann sich schon erinnern. Wir kennen uns seit zwanzig Jahren. Immer wenn ich ihn sehe, fragt er mich: ›Bruder, was brauchst du?‹«

»Einfach so? Caltagirone hat das Scheckbuch gezückt und geschrieben?«

»Ja, einfach so, ohne jeden Hintergedanken. Wer dachte schon an Skandale? Wer dachte schon, dass wir etwas Unrechtes taten? Was denken Sie?«

»Was soll ich denn denken?«

»Ich will sagen: Wenn einer schlau ist, dann nimmt er doch keinen Scheck. Jemand, der weiß, dass er etwas Illegales macht, der verlangt das Geld in bar, in einem Koffer, und lässt es von einem Dritten abholen. Meinen Sie nicht?«

»Und was haben Sie gemacht?«

»Ich? Nichts. Ich habe einen Füllfederhalter genommen und habe meinen Namen in Druckschrift draufgesetzt, denn Gaetano hat nie unterschrieben. Er ließ den Scheck immer blanko.«

»Und wofür brauchten Sie das Geld?«

»Um meine Leute in der Partei zu finanzieren, meine Wahlkämpfe, die Partei als solche …«

»Auch nachdem das Gesetz zur Parteienfinanzierung in Kraft getreten ist?«

»Nun, sicher. Was soll das heißen? Das Gesetz, ich meine, das verbietet nicht gerade …«

»Sind Sie sich der Schwere Ihrer Eingeständnisse eigentlich bewusst?«

»Wenn ich dieses Interview gebe, dann ist es so, als würde ich vor dem Parlament sprechen: Ich will nicht lügen und ich will die Wahrheit nicht verbergen. Wahr ist eben auch, dass sich Caltagirone überhaupt nicht in unsere Angelegenheiten einmischte.«

»Hat er etwas für sein Geld verlangt?«

»Gaetano? Nichts. Er war, er ist wohlgemerkt noch immer, ein Freund. Ein Freund der Christdemokratischen Partei und nicht nur mein Freund. Und er ist der Freund vieler anderer Leute, und nicht alle sind Christdemokraten. Woher er das Geld hat, das weiß ich nicht. Wo ist hier überhaupt der Skandal?«[28]

Die Italiener waren also einiges gewohnt. Die vielen Skandale hatten die Parteien der Nachkriegszeit nicht in ihrer Macht erschüttern können – bis *Tangentopoli* ausbrach und alle mit sich riss. Im Jahr 1992 hatten sich die internationalen Rahmenbedingungen radikal verändert. Die Berliner Mauer war gefallen, Deutschland war wiedervereinigt, die Sowjetunion hatte sich aufgelöst, der Westen hatte den Kalten Krieg gewonnen. Italien war mit seiner großen Kommunistischen Partei und seiner strategischen Lage im Kalten Krieg ein Frontstaat gewesen, das hatte seinen Preis. Der Ausschluss der Kommunisten von der Macht hatte Italien in der Nachkriegszeit zu einer »blockierten Demokratie« gemacht. Es gab viele Regierungswechsel, es gab unterschiedlich zusammengesetzte Koalitionen, aber die Christdemokraten regierten von 1946 bis 1992 ununterbrochen. Politiker wie der legendäre Giulio Andreotti personifizierten den Ewigkeitscharakter christdemokratischer Macht. Er wurde 1947 mit gerade mal 28 Jahren ins erste Parlament der Nachkriegszeit gewählt. Siebenmal war er Regierungschef, achtmal Verteidigungsminister, fünfmal Außenminister, außerdem Finanz-, Wirtschafts-, Industrie-, Innen-, Europa- und Kulturminister. Es gibt kaum ein Amt, das er in den vielen Regierungen der Nachkriegszeit nicht innehatte. Andreotti war bekannt für seine süffisanten Bonmots. Das wohl legendärste lautet: »Die Macht verschleißt den, der sie nicht hat!«

Auf Italiens Kommunisten traf das allerdings nicht zu. Sie legten in der Nachkriegszeit von Wahl zu Wahl zu. Ihren größten Erfolg feierten sie 1984 mit etwas mehr als 34 Prozent der Stimmen. Trotzdem blieben sie vor den Toren der römischen Zitadelle. Das bedeutete, dass rund ein Drittel der Wähler zur Wahlurne ging, ohne eine Aussicht darauf, durch ihre Stimmen Einfluss in den Entscheidungszentralen zu haben. Und da die Bewohner der Zitadelle nicht fürchten mussten, ihre Plätze verlassen zu müssen, wurden sie selbstherrlich. Es konnte zu Machtverschiebungen innerhalb des Zentrums kommen, doch ein Auswechseln der gesamten Mannschaft, ein Sieg der Opposition, die sich außerhalb der Mauern befand, das war nicht denkbar. Italien hatte zwar mehr Regierungen (und mehr Regierungskrisen) als jedes andere europäische Land – zwischen 1946 und 2019 waren es 65 –, doch im Kern war das System stabil: Es regierten in wechselnden Koalitionen immer dieselben Parteien. Was innerhalb der Zitadelle geschah, stank zum Himmel, wie die vielen Skandale den Italienern immer wieder zeigten, doch gewählt wurden die Christdemokraten und ihre Partner dennoch. Sie hatten viel zu verteilen, und sie hielten die Kommunisten von der Macht fern. Die Furcht, dass »die Kosaken ihre Pferde im Brunnen am Petersdom tränken« – wie eine Redewendung der unmittelbaren Nachkriegszeit besagte –, mobilisierte konservative Wähler immer wieder aufs Neue. 1976 ergaben Umfragen, dass die Kommunisten zum ersten Mal die Christdemokraten in der Wählergunst überholen könnten. Die KPI hatte sich zu diesem Zeitpunkt von der Sowjetunion, wenn nicht vollständig emanzipiert, so doch immer weiter entfernt. Die Niederschlagung des Aufstandes in Ungarn 1956 durch sowjetische Panzer und der Einmarsch der Truppen des Warschauer Paktes unter sowjetischer Führung in die Tschechoslowakei 1968 hatten die Entfremdung zwischen den italienischen Kommunisten und Moskau beschleunigt. Der 1972 gewählte Sekretär der KPI, Enrico Berlinguer, propagierte den Dritten Weg zwischen dem real existierenden Sozialismus der Sowjetunion und den Demokratien des Westens. Dieser Eurokommunismus sollte nach den Vorstellungen Berlinguers Sozialismus und Demokratie versöhnen. Viele Italiener fanden diesen Dritten Weg offenbar attraktiv, wie die Umfragen zeigten. Indro Montanelli, einflussreicher Chefredakteur der konservativen Zeitung *Il Giornale,* schrieb 1976 alarmiert: »Diese Wahlen sind ein Referendum. In vierzig Tagen werden wir nicht eine Partei wählen, auch nicht eine Regierung, sondern ein Regime. Deswegen möchte ich als Chefredakteur dieser Zeitung in klaren Worten zu meinen Lesern sprechen. Und euch in die Augen blickend, möchte ich sagen: ›Haltet euch die Nase zu und wählt die Christdemokraten!‹«[29] Die Italiener wussten sehr genau, wie durch und durch korrupt die Regierungs-parteien waren, insbesondere die Christdemokraten. Sie konnten es förmlich riechen. Doch immer wieder hielten sie sich die Nase zu, wie es Montanelli gefordert hatte: Was wir haben, ist nicht gut, es ist verkommen, unanständig, aber es lässt uns leben. Was uns droht, das wird noch viel schlimmer sein – uns droht die Unfreiheit. Das war eine Botschaft, die viele Jahre eine starke Wirkung entfaltete.

1991 aber verschwand der Kommunismus als weltpoliti-scher Gegner von der Bildfläche. Die Klammer, die die innen-politischen Verhältnisse Italiens zusammengehalten hatte, war aufgebrochen. Alles geriet in Bewegung. Mario Chiesa schien nur ein lockerer Kieselstein in einer ansonsten star-ken Festungsmauer zu sein. Als Bettino Craxi von der Verhaf-tung erfuhr und nach den Konsequenzen für seine Partei be-fragt wurde, sagte er, Chiesa sei ein »kleiner Gauner« – ohne jede Bedeutung. Das war eine grandiose Fehleinschätzung. Vermutlich hatte Craxi darauf vertraut, dass sich diese leidi-ge Sache bald aus dem Weg räumen ließe. In der Vergangen-heit hatte es immer wieder Verhaftungen und Ermittlungen gegen Politiker gegeben, aber der Schaden konnte jedes Mal begrenzt werden. Zur Not wurden ermittelnden Staatsanwälten die entsprechenden Fälle entzogen oder sie wurden in andere Regionen des Landes versetzt. Das war häufig geschehen. Die regierenden Parteien hatten die Macht, der Justiz die Zähne zu ziehen, und machten davon oft Gebrauch. Doch 1992 reichte dafür ihre Kraft nicht mehr. Die Italiener betrachteten ihre Parteien ohnehin illusionslos – sie hatten zu viele Skandale erlebt. Die Wahlbeteiligung in Italien war traditionell hoch. 1968 erreichte sie einen Spitzenwert von 96,3 Prozent, im April 1992, drei Monate nach dem Beginn der Operation *Mani Pulite*, lag sie immerhin noch bei 87,3 Prozent. Diese hohe Wahlbeteiligung war ein Beweis dafür, dass das Tauschgeschäft zwischen Wählern und Parteien immer noch funktionierte. Aber gerade weil die Beziehung zwischen den beiden vor allem auf diesem Tausch beruhte, war sie äußerst fragil. 1992 sahen sich die Parteien einer multiplen Krise gegenüber, die sie nicht mehr beherrschen konnten und die nun außer Kontrolle geriet. Mit dem Ende des Kalten Krieges war der stabile internationale Rahmen weggebrochen, hinzu kam eine europäische Rezession, die durch eine Entscheidung der Deutschen Bundesbank noch erheblich verschärft wurde. Aus Sorge um eine wachsende Inflation hob die Bundesbank den Leitzins für die D-Mark auf 8,75 Prozent an. Die anderen europäischen Währungen, auch die italienische Lira, die durch das Europäische Währungssystem (EWS) an die Deutsche Währung gebunden waren, mussten mitziehen und die Zinsen erhöhen. Der Spielraum für Investitionen wurde geringer, Italien musste noch mehr Geld aufbringen, um seine Schulden zu bedienen.

Die Parteien aber blieben auch in dieser Situation gefräßig, sie mussten es wohl auch bleiben. Über die vielen Jahre hinweg hatten sie riesige Apparate aufgebaut, die weiter zu finanzieren waren. Deshalb verlangten sie auch in der Krise von den Unternehmen für öffentliche Aufträge ihre üblichen Prozentanteile. Luigi Magni, der Unternehmer, der Mario Chiesa angezeigt und damit alles ins Rollen gebracht hatte, entschied sich nicht nur aus moralischen Gründen für die Zusammenarbeit mit der Justiz – er tat es auch, weil die ständig wachsenden Ansprüche der korrupten Politiker bei gleichzeitig grassierender Wirtschaftskrise seine Reinigungsfirma in ihrer Existenz bedrohten. Der Kuchen war Anfang der neunziger Jahre für alle kleiner geworden, doch die korrupten Politiker bändigten ihren Hunger nicht – so verschlangen sie sich schließlich selbst. Piercamillo Davigo, einer der ermittelnden Staatsanwälte und Kollege von Antonio Di Pietro, ist der festen Überzeugung, dass Ermittlungen in Zeiten einer schweren Wirtschaftskrise deshalb erfolgreich sind, weil die »öffentliche Meinung nicht mehr bereit ist (…), sich belügen zu lassen«.[30]

Ein Vakuum öffnet sich

Mit dem Zusammenbruch der Parteien tat sich ein Abgrund für das gesamte Land auf. Wer sollte Italien aus der Krise führen? Welche Partei, welcher Politiker? Eine Zeit lang machten sich die Linksdemokraten, die Partito Democratico della Sinistra (PDS), Hoffnungen, die 1991 aus der KPI hervorgegangen war. Sie versuchten, die Korruption als Problem der Parteien darzustellen, die das Land über Jahrzehnte regiert hatten. Wer in Rom nicht an der Macht war, konnte auch nicht korrupt sein, so die These der Linken. Doch es stellte sich heraus, dass auch die ehemaligen Kommunisten in die Machenschaften der Elite verstrickt waren. Sie verfügten beispielsweise über ein landesweit verzweigtes Netz von Genossenschaften, denen öffentliche Aufträge zugeschanzt wurden, weil sie »rot« waren. Außerdem hatten die Kommunisten nachweislich lange Zeit Gelder aus Moskau bezogen. Allerdings, das muss angemerkt werden, blieben die ehemaligen Kommunisten im Vergleich zu den anderen Parteien von der Korruptionsaffäre größtenteils verschont. Ob das so war, weil sie sich wirklich weniger bereichert hatten, oder ob es so war, weil, wie der Staatsanwalt Antonio Di Pietro immer behauptete, er in seinen Ermittlungen einfach nicht weitergekommen sei, lässt sich nicht beurteilen. Auffallend war jedenfalls, dass die Funktionäre der Kommunistischen Partei, gegen die ermittelt wurde, eisern schwiegen, während die Funktionäre und Politiker anderer Parteien, kaum dass sie in Untersuchungshaft genommen wurden, bereitwillig ein Geständnis ablegten. Di Pietro erzählte in späteren Jahren gerne eine Anekdote, um den großen Drang zur Beichte zu illustrieren: »Eines Tages klingelte ich an der Haustür eines Mannes, gegen den wir ermittelten. Ich hatte einen Durchsuchungsbeschluss. ›Wer ist da?‹, hörte ich die Stimme des Mannes aus dem Lautsprecher. Ich sagte: ›Staatsanwalt Antonio Di Pietro, ich habe hier einen ...‹ Die Stimme aus dem Lautsprecher sagte: ›Herr Staatsanwalt, ich gestehe, dass ich ...‹ Ich unterbrach ihn und sagte: ›Jetzt lassen Sie mich doch mal eintreten, bevor Sie beichten!‹«

Das Schweigen der kommunistischen Funktionäre über die mutmaßlichen Machenschaften ihrer Partei interpretierten viele Italiener weniger als Unschuldsbeweis denn als Beleg dafür, dass die KPI zuverlässige, loyale, harte Parteikader hervorgebracht hatte. Die KPI war im Vergleich zu den anderen italienischen Parteien tatsächlich für ihre Disziplin bekannt. Viele Italiener betrachteten die KPI als eine Armee treuer Parteisoldaten – und fürchteten sich vor ihr. Diese Furcht sollte auch nach dem Zusammenbruch des Parteiensystems noch eine große Rolle spielen.

Trotz dieser Besonderheit der Kommunisten hatte Bettino Craxi recht, als er am 29. April 1993 im Parlament sagte, dass so gut wie niemand sauber geblieben sei. Die Parteien unterhielten riesige Apparate, die unter normalen, sprich legalen Umständen nicht zu finanzieren gewesen wären. Eine Ausnahme bildeten die Neofaschisten vom Movimento Sociale Italiano (MSI). Diese Partei hatte zwar Abgeordnete im Parlament, aber da sie ein direkter Nachfahre der Faschistischen Partei Italiens, der Partito Nazionale Fascista (PNF) war und sich stolz darauf berief, blieb sie von der Macht ausgeschlossen – im Unterschied zu den Kommunisten auch auf den lokalen und regionalen Ebenen. Viele illusionslose Italiener glaubten, dass es einen einfachen Grund für die »Sauberkeit« des MSI gab: Die Neofaschisten hatten keine Gelegenheit gehabt, zu stehlen.

Richter als Helden

In dieses machtpolitische Vakuum, das sich 1992/93 auftat, stießen zunächst auf fast natürliche Weise die Mailänder Staatsanwälte vom Team *Mani Pulite* vor. Francesco Saverio Borrelli und sein Team wurden zu Protagonisten jener Jahre. Unter ihnen stach vor allem Antonio Di Pietro hervor. In ärmlichen Verhältnissen im tiefen vergessenen Süden des Landes geboren, hatte er wie Millionen Italiener auf der Suche nach Arbeit das Land verlassen. Er ging nach Deutschland, jobbte dort als Kellner und sparte Geld für sein Jurastudium. Nach seinem Abschluss bewarb er sich erfolgreich um eine Stelle im Staatsdienst. Dieser Mann wurde nicht nur ein hartnäckiger und guter Staatsanwalt, er war die Idealbesetzung in dem Stück, das 1992/93 aufgeführt wurde. Wenn er im Mailänder Gerichtssaal vor laufenden Kameras mit seinem schweren süditalienischen Akzent die bis gestern noch Unantastbaren ins Verhör nahm, verkörperte er in den Augen vieler das aufrichtige Volk, das nun die Ausbeuter, die Diebe, die sich an den Gütern des Volkes vergriffen hatten, ihrer gerechten Strafe zuführte. Die gesamte politische Klasse war damals in der Defensive, die Staatsanwälte trieben sie immer weiter in die Enge. Di Pietro war den Italienern Freund, Racheengel und Sexsymbol in einem. Eine Umfrage im Jahr 1994 ergab, dass 72 Prozent der Italiener ihn gerne zum Freund hätten. Die italienische Ausgabe der Zeitschrift *Elle* erkor ihn zum »sexiest man of the planet« – nach dem US-Schauspieler Harrison Ford.

Italien erlebte 1992/93 eine Revolution juristisch-bürokratischen Charakters. Es gab keine charismatischen politischen Führungspersönlichkeiten mehr, die mit flammenden Worten die Menschen begeisterten und die alte Welt begruben, es gab keinen Sturm johlender Massen auf die Paläste der Macht, vielmehr drangen Staatsdiener in Roben dort ein, stöberten in den Dokumenten, die sie fanden, wühlten in den Akten und klopften die Mauern auf doppelte Böden ab. Und sie stellten fest, dass sie brüchig waren. Bis gestern noch unscheinbare Juristen, die kaum einer kannte, waren sie nun die gefeierten Helden des Umsturzes. Beamte als Träger der Revolution – das war eine Anomalie, die nicht von Dauer sein konnte. Staatsanwälte konnten ermitteln, Schuldige vor Gericht stellen, Strafen beantragen, kurzum: Endlich konnten sie die geltenden Gesetze anwenden. Sie konnten aber nicht liefern, was das Land in dieser Situation ganz besonders brauchte: politische Führung. Die Menschen verehrten Di Pietro, doch das machte ihn noch nicht zum Politiker. Auch wenn die politische Elite vollkommen diskreditiert war, konnte das Land ohne Politiker nicht sein. Es brauchte jemanden, der Glaubwürdigkeit besaß und die Kraft hatte, mit klaren Worten einen Weg in die Zukunft zu weisen. Woher sollte solch eine politische Figur kommen? Diese Frage stellte sich immer drängender. Es ging dabei zunächst auch um die Spielregeln, nach denen die künftige Führung bestimmt werden sollte. Wissenschaftler und Journalisten, aber auch sehr viele Politiker waren sich in der Analyse einig darüber, dass die seit 1946 dauernde Herrschaft der Christdemokraten die weitverbreitete Korruption begünstigt, wenn nicht sogar erst ermöglicht hatte. Es brauchte also einen Wechsel an der Macht. Das System war faul, weil es nie eine kräftige Durchlüftung gegeben hatte. Die »blockierte Demokratie« Italien, diese italienische Anomalität, sollte ein Ende finden, und das sollte sich auch in veränderten Spielregeln niederschlagen. Wie in fast allen anderen westlichen Demokratien sollten die Wähler in Zukunft die Möglichkeit haben, zwischen zwei klaren Alternativen zu wählen, zwischen links und rechts. Und beide sollten realistische Aussichten haben, zu regieren. Um das zu erreichen, lancierte eine Gruppe um den Christdemokraten Mariotto Segni ein Referendum für ein neues Wahlrecht. Sie schlugen vor, ein Mehrheitswahlrecht einzuführen. Denn das würde die Parteien dazu zwingen, Koalitionen zu bilden, und so würden sich schließlich die gewünschten klaren politischen Alternativen für die Wähler herauskristallisieren. Der Wechsel an der Macht würde so verhindern, dass sich die Korruption im System festsetzen konnte. So weit die Theorie. Die Italiener stimmten in einem Referendum am 18. April 1994 mehrheitlich für den Vorschlag von Mariotto Segni und seinen Mitstreitern, und das Parlament verabschiedete ein neues Wahlrecht. Es war zwar kein reines Mehrheitswahlrecht nach britischem Muster, doch es förderte die Blockbildung der politischen Lager. Für den 27./28. März 1994 wurden schließlich Wahlen nach diesem neuen Wahlrecht angesetzt. Die Linkspartei PDS, die ehemaligen Kommunisten, bildete schnell eine Koalition mit kleineren linken Parteien. Sie rechneten mit einem Sieg. Die PDS hatte zwar ebenfalls schwere Blessuren davongetragen, aber sie hatte doch als intakte Partei die Stürme des *Mani Pulite* überstanden. Die große Frage aber war: Wer würde die Trümmer der Christdemokraten einsammeln? Wer würde die Italiener hinter sich scharen können, die nicht links waren?

Der Auftritt des Medienmoguls

Am 26. Januar 1994 bekam Italien die Antwort. Ein Mann namens Silvio Berlusconi erschien auf dem Fernsehschirm. Er hielt eine neunminütige Bewerbungsrede, die mit folgenden Worten begann: »Italien ist das Land, das ich liebe, hier habe ich meine Wurzeln, hier liegen meine Hoffnungen, hier habe ich meine Horizonte.«[31] Berlusconi war einer der erfolgreichsten Unternehmer des Landes, Sohn eines Bankbeamten, der eine schwindelerregende Karriere gemacht hatte. Der gebürtige Mailänder, der sein Geld eine Zeit lang als Sänger auf Kreuzfahrtschiffen verdient hatte, begann in den achtziger Jahren als Bauunternehmer. Binnen weniger Jahre errichtete er ein Medienimperium. Als er 1994 vor die Kameras trat, besaß er bereits die drei großen Privatsender des Landes. Außerdem war er Eigentümer der größten Marketinggesellschaft des Landes sowie einer großen Versicherungsgesellschaft. Fininvest hieß sein weit verzweigtes Firmenkonglomerat. Den meisten Italienern aber war Berlusconi als Präsident des Fußballclubs AC Mailand bekannt, den er 1986 gekauft und zum Erfolg geführt hatte. 1989 gewann der AC Mailand den Cup der Landesmeister, den UEFA Super Cup und den Weltpokal. Berlusconi war ein Symbol für Erfolg und Reichtum. Wenn einer wie er es schaffen konnte, der Spross einer bescheidenen Mittelstandsfamilie, dann konnten es alle Italiener schaffen, das war die Botschaft, die Berlusconi gerne verbreitete. Er verkörperte den amerikanischen Traum auf Italienisch.

»Ich habe mich entschieden, ins Feld zu ziehen ...«, sagte er in seiner Fernsehansprache, denn er sehe Gefahr für das Land heraufziehen: die Kommunisten. »Unsere Linken behaupten, sie hätten sich geändert. Sie behaupten, sie seien liberaldemokratisch geworden. Aber das ist falsch. Ihre Männer sind dieselben, ihre Mentalität ist dieselbe, ihr Verhalten ist dasselbe, ihre Kultur, ihre tiefen Überzeugungen sind dieselben. Sie haben sich nicht geändert. Hört ihnen zu, schaut sie in ihrem vom Staat bezahlten Fernsehsender an, lest ihre Presse. Sie glauben an gar nichts. Sie möchten das Land in einen brüllenden Platz verwandeln, der zetert und schimpft und verdammt. Deswegen sind wir gezwungen, uns ihnen entgegenzustellen (...) ich habe mich entschieden, ins Feld zu ziehen, und ich fordere Sie dazu auf, ins Feld zu ziehen, jetzt, sofort, bevor es zu spät ist!«[32]

Binnen weniger Wochen stampfte er die Partei Forza Italia aus dem Boden, und keine zwei Monate später gewann er völlig unerwartet die Wahl. Zusammen mit der Lega Nord von Umberto Bossi und kleineren Parteien bildete er das Wahlbündnis Polo delle Libertà. Bossi begründete sein Zusammengehen mit Berlusconi ebenfalls mit einer drohenden kommunistischen Gefahr: »Wir müssen diesen Bolschewismus à l'italiana stoppen!«[33]

In einigen Wahlkreisen war auch der Movimento Sociale Italiano (MSI) mit dabei, die neofaschistische Partei Italiens. Der Unternehmer Berlusconi hatte sie früh ins Spiel gebracht, um die Räume, die sich ab 1992 nach rechts öffneten, zu nutzen. Noch bevor er selbst in die Arena stieg, gab Berlusconi im November 1993 öffentlich bekannt, dass er bei der anstehenden Wahl für das Bürgermeisteramt in Rom den Kandidaten Gianfranco Fini unterstützte. Die Nachricht schlug ein wie eine Bombe. Fini war der Chef des MSI. Die Partei war zwar in der gesamten Nachkriegszeit mit ein paar wenigen Abgeordneten im Parlament vertreten – doch keine andere politische Partei arbeitete mit ihnen eng zusammen. Der MSI befand sich, so lautete der Begriff, außerhalb des Verfassungsrahmens – oder anders gesagt: Die Neofaschisten vom MSI waren seit ihrer Gründung im Jahr 1946 in politischer Quarantäne gehalten worden. Berlusconi hob nun den Bann auf. Das hatte zur Folge, dass Neofaschisten nun als legitime Konkurrenten auf dem politischen Markt auftreten konnten. Als Berlusconi auf einer Pressekonferenz von einem ausländischen Journalisten gefragt wurde, ob es denn nicht problematisch sei, mit der Partei der Neofaschisten eine Wahlkoalition zu bilden, antwortete Berlusconi wütend: »Sie sind voreingenommen. Der Faschismus ist schon lange Geschichte! Diese Ideologie ist tot!« Die Italiener dürften es genau so gesehen haben. Berlusconis Koalition bekam 44,8 Prozent der Stimmen. 16,5 Millionen entschieden sich für Berlusconis neues Rechtsbündnis, 34,4 Prozent, also 13,3 Millionen Italiener, für die Koalition der Linksparteien. Bis zum Auftauchen Berlusconis galten sie als absolute Favoriten. Aber Berlusconi war wie ein Wirbelwind, der binnen weniger Monate alle Karten vom Tisch fegte.

Nun ist lange über die Frage debattiert worden, warum sich der Unternehmer Berlusconi damals entschied, in die Politik zu gehen. Für die einen tat er diesen Schritt, weil er seine vor dem Bankrott stehende Fininvest vor dem Zusammenbruch retten wollte. Dazu brauchte er die Politik. Berlusconi hatte, anders als er glauben machen wollte, tatsächlich immer engste Beziehungen zur Politik gehabt, besonders zu Bettino Craxi. Da nun Craxi und alle anderen Mächtigen gefallen waren, fehlte Berlusconi die schützende Hand, die er so dringend brauchte. Er musste es selbst richten. Das ist die eine These. Für die anderen stieg Berlusconi in den Ring, weil er tatsächlich glaubte, er müsse Italien vor den Linken retten. Er handelte aus Überzeugung, aus Pflichtgefühl und auch aus einem durchaus legitimen Eigeninteresse. Der Lebenslauf des Politikers Berlusconi war jedenfalls begleitet von zahllosen Ermittlungen, einigen Verurteilungen und vielen Freisprüchen, davon viele wegen Verjährung. Sicher ist, dass Berlusconis Aufstieg zum Politiker ohne das revolutionäre Jahr 1992 nicht denkbar ist. Der Politiker Berlusconi ist ein Ergebnis dieses Jahres. Italien hatte die Chance auf einen Neuanfang und stand an einer Weggabelung. Die Entscheidungen, die die Italiener damals trafen, legten die Grundlagen für eine Entwicklung, die 35 Jahre später Lega und M5S an die Regierung bringen sollten. Damals begann die Herrschaft der Gefühle. Das allerdings sollte man nicht mit dem Ende der Politik gleichsetzen. Berlusconi gilt vielen als Antipolitiker, als jemand, der alle Politik verachtete und durch puren Egoismus ersetzte. Einer, der das Ich zum Maß aller Dinge erhob, der das Streben nach Reichtum um jeden Preis propagierte. Standen der Gier Gesetze entgegen, konnte man sie zurechtbiegen. Doch diese Interpretation erfasst das Phänomen Berlusconi nicht. Er lehnte Politik nicht ab – im Gegenteil. Er hatte eine klare Vorstellung von ihr. Mehrmals bezeichnete er sie als »eine große Sache«, als die »höchste Bestätigung dafür, dass der Mensch ein soziales Wesen ist«. Nach den Attentaten des 11. September rief er zur kollektiven Verantwortung auf: »Wir gehören nicht zu jenen, die sich raushalten, die keine schwere Verantwortung übernehmen, die keine Opfer bringen, die resignieren, die sich aus Feigheit zurückziehen, die aus Egoismus unschuldige Opfer vergessen.«[34] Das sind große moralische Worte, die freilich in einem krassen Gegensatz zu seinem politischen Handeln stehen, das ausschließlich auf den eigenen Vorteil gerichtet schien. Hätte Berlusconi die Politik allein zum Selbstzweck betrieben, hätte er nicht über zwanzig Jahre lang die italienische Politik dominieren können. Aus grenzenlosem Egoismus allein speist sich sein Erfolg nicht. Dazu brauchte es andere, verborgene Quellen.

Zur Wahrheit des Jahres 1992 gehört nicht nur die tiefe

Verstrickung der Parteien in den Korruptionssumpf, zur Wahrheit gehört auch, dass die Liebe der Italiener zu Staatsanwälten nicht von langer Dauer war – das war nicht nur die Folge einer als normal zu bezeichnenden abklingenden Gefühlsaufwallung, das hatte durchaus rationale Gründe. Die Staatsanwälte »köpften den König«, der Applaus war ihnen sicher. Doch nachdem sie das vollbracht hatten, hörten sie nicht auf, sondern sie taten das, was gute Staatsanwälte tun, sie ermittelten weiter und weiter, hartnäckig und ohne Ansehen der Personen. So gut wie überall, wo sie nachforschten, wurden sie fündig, nicht nur bei den großen Tieren, auch bei den kleineren, nicht nur in den schimmernden Palästen der Macht, sondern auch in den bescheidenen Wohnungen des sprichwörtlichen kleinen Mannes. Das war unbequem, das störte zunehmend mehr Menschen, unter ihnen auch die, die gestern noch in Jubel ausgebrochen waren, als sich die Tore der Gefängnisse hinter den Mächtigen schlossen. Der gestern noch strahlende Stern von Antonio Di Pietro verdunkelte sich. Eben noch war er ein Symbol der Befreiung, und schon wurde er zum Repräsentanten eines übermächtigen Staates, der sich in alles und überall einmischen wollte. Der seit der Einigung Italiens niemals gelöste Widerspruch zwischen dem *paese legale*, dem Land, wie es sein sollte, und dem *paese reale*, dem Land, wie es nun einmal war, kam wieder sehr deutlich zum Vorschein. Die beiden lagen in einem Dauerstreit miteinander. Er wurde mal lauter, mal leiser geführt, manchmal ging es mit harten Bandagen zur Sache, manchmal mit mehr Zurückhaltung – doch die Spannung war immer spürbar. 1992 schien *paese legale* in Gestalt der Staatsanwälte an Kraft gewonnen zu haben – das musste eine Gegenreaktion provozieren.

Silvio Berlusconi hatte das früh verstanden. Der Mann, der wie kaum ein anderer ein Gefühl für die Stimmungen im Volk hatte, nahm Witterung auf. Noch 1993 stimmte er in den Chor des Lobes für die Staatsanwälte ein: »Meine Fernsehstationen stehen Ihnen zur Verfügung!«, sagte er unumwunden. Als er nach seinem Wahlsieg die Regierung bildete, bot er Antonio Di Pietro das Innenministerium an. Di Pietro lehnte ab. Die Haltung Berlusconis zu den Staatsanwälten sollte sich binnen weniger Monate ändern. Im November 1994 wurde öffentlich, dass die Mailänder Staatsanwälte gegen den Ministerpräsidenten Berlusconi ermittelten – ausgerechnet in dem Moment, als Berlusconi Gastgeber des G7-Gipfels in Genua war. Ministerpräsident Silvio Berlusconi hatte seinen ersten großen Auftritt auf der internationalen Bühne sorgfältig vorbereitet. Er wollte im Kreis der Mächtigen der Welt glänzen, doch die Staatsanwälte ruinierten ihm die Show. Diese Schmach sollte Berlusconi nie vergessen. Er hatte durchaus persönliche Gründe, den Mailänder Staatsanwälten den Krieg zu erklären, einen Krieg, der mehr als zwei Jahrzehnte lang dauern würde. Und die Staatsanwälte hatten gewiss mehr als einen guten Grund, gegen ihn zu ermitteln. Berlusconi hat alle Anklagen, Verurteilungen und alle Skandale politisch überlebt. Er blieb fast zwanzig Jahre, von 1994 bis 2011, der dominierende Politiker Italiens. Warum haben die Italiener diesen skandalumwitterten Mann immer wieder gewählt? Wie hat er es geschafft, gleich viermal Ministerpräsident zu werden?

Eines kann man mit Sicherheit sagen: Berlusconi hat den Boden für den Erfolg der Lega und der M5S bereitet. Als Berlusconi sich dafür entschied, »ins Feld« zu ziehen, hatte er begriffen, dass soeben ein Zyklus im politischen Leben des

Landes zu Ende ging und ein neuer begann. Er sah früher als andere, dass viele Menschen der Staatsanwälte überdrüssig wurden. Gleichzeitig verstand er, dass die alte Angst der Italiener vor dem Kommunismus nicht verschwunden war, nur weil sich die Kommunistische Partei Italiens aufgelöst hatte. Die gesamte Nachkriegszeit über ließen sich Wähler mit dieser Angst mobilisieren. Warum sollte sich das über Nacht geändert haben? Nur weil in Berlin die Mauer gefallen war und sich die Sowjetunion aufgelöst hatte?

In seiner Bewerbungsrede vom 26. Januar 1994 verband Berlusconi die alte Angst vor dem Kommunismus mit der Furcht vor dem Eifer der Staatsanwälte instinktsicher zu einer sehr effektvollen Botschaft: »Die Linken haben sich nicht geändert … und sie wollen das Land in einen brüllenden Platz verwandeln, der zetert, schimpft und aburteilt.« Vor Millionen von Fernsehzuschauern entwickelte er die Vorstellung von bolschewistischen Kommissaren, die unschuldige Bürger durch die Straßen Italiens jagen und vor Volksgerichten aburteilen. Das war freilich eine Übertreibung, eine propagandistische Verzerrung der Wirklichkeit, und es gab viele Kritiker, die Berlusconi immer wieder zuriefen: Der Kommunismus ist tot, Silvio! Wovon redest du?

Doch er ließ sich nicht beirren. Berlusconi führte eine antikommunistische Kampagne, nachdem der Kommunismus zusammengebrochen war. Das schien verrückt zu sein, doch bei den Wählern hatte er damit Erfolg, und das war nicht das Ergebnis seiner bewährten Illusionskunst. Die Geschichte war 1989 an einen Wendepunkt gekommen. Die Mauer war gefallen, ein Ereignis mit globalen Folgen. Berlusconi wollte diesen historischen Moment nutzen. Wer die Deutungshoheit erringt, kommt auf dem Weg zur Macht ein entscheidendes Stück voran. Berlusconi formulierte das präzise und effektvoll: »Wir müssen zusehen, dass die Trümmer der Berliner Mauer nicht die Sieger erschlagen, sondern die Besiegten.«[35] Der Kampf war nicht beendet, er ging weiter – jedenfalls in Italien, denn wenn die Mauer gefallen war, so waren die Ideen, die sie errichtet hatten, nicht tot.

Die Linkspartei machte es ihm dabei freilich leicht. Vor den Wahlen Ende März 1994 hatte der Vorsitzende des PDS, Achille Occhetto, in einem Fernsehinterview gesagt, seine Koalition sei eine »fröhliche Kriegsmaschine« – und weckte bei vielen Italienern das gefürchtete Bild des kommunistischen Parteisoldaten im Dienste der Weltrevolution. Der Kommunist mochte nun zwar »fröhlich« sein, doch das machte ihn nicht weniger bedrohlich. Die von Achille Occhetto propagierte Fröhlichkeit war der Siegesgewissheit des Parteisoldaten geschuldet, der sich nun endlich, nach vielen Entbehrungen, nach vielen Jahren vor den Toren der Macht, anschicken konnte, in den Palast einzuziehen. Der Kommunist lächelte nicht, weil sein Charakter freundlicher geworden war – er war, das wiederholte Berlusconi immer wieder, der Gleiche geblieben. Der alte Wolf hatte sich nur einen neuen Schafspelz übergeworfen. Alles, wovor sich eine Mehrheit der Italiener jahrzehntelang gefürchtet hatte, schien nun Wirklichkeit werden zu können.

Berlusconi gelang es – mit seinem unbestrittenen Charisma und seiner gewaltigen Medienmaschine –, alle Konflikte in die alte Dichotomie zu zwingen: hier die Freiheit, dort die Unfreiheit, hier die Demokratie, dort die Diktatur. Berlusconi wusste um die Mobilisierungskraft dieses manichäischen Weltbildes. Es war nur folgerichtig, dass er Monate später, als er mit den Staatsanwälten endgültig über Kreuz lag, sie als »rote Roben« denunzierte. Berlusconi entwarf das Bild einer drohenden Erziehungsdiktatur. So absurd das klingen mochte, auch damit erfasste er eine italienische Wahrheit: Die politischen Eliten hatten seit der Einigung Italiens tatsächlich versucht, die Italiener zu erziehen. Berlusconi war der erste Spitzenpolitiker in der Geschichte des Landes, der seinen Landsleuten genau die gegenteilige Botschaft überbrachte: Ihr Italiener müsst euch nicht ändern! So wie ihr seid, seid ihr in Ordnung! Nein, ihr seid sogar wunderbar!

Die Botschaft selbst war freilich so neu nicht. Wenige Monate vor Ende des Zweiten Weltkrieges hatte der satirische Schriftsteller und Verfasser von Komödien, Guglielmo Giannini, die Bewegung des »Fronte dell'Uomo Qualunque« ins Leben gerufen, die Front des gemeinen Mannes. Ihr Markenzeichen war die Feindseligkeit gegenüber jeder Politik und jedem Politiker. Im Oktober 1945 veröffentlichte Giannini ein Buch mit dem Titel »La folla. Seimila anni di lotta contro al tirannide« – »Die Masse. Sechstausend Jahre Kampf gegen die Tyrannei«.[36] Es wurde ein Bestseller. Darin stellt Giannini einen Gegensatz zwischen der Masse und den Chefs her *(la folla e i capi)*. Die Menge, »die ehrlichen, arbeitsamen und friedlichen Menschen, die in allen Ländern der Welt die Mehrheit bilden«, steht den Berufspolitikern gegenüber, die nur damit beschäftigt sind, die »Menge« auszubeuten und hinters Licht zu führen. Das Volk ist im Kern gesund, das war Gianninis Botschaft, und es gibt keinerlei Notwendigkeit, es ändern zu wollen. Berufspolitiker brauche es nicht, sie könnten durch ein paar hundert Verwalter ersetzt werden, die von Vertreten des Volkes kontrolliert würden. Das Volk, die Menge, brauche nicht mehr als einen »guten Buchhalter«, der die Geschäfte für jeweils ein Jahr führe. Da das Volk gut und gesund sei, müsse es sich auch für nichts schämen – Berlusconi machte es vor.

Er hat sich während der langen Jahre seiner Herrschaft auf der internationalen Bühne viel Peinliches geleistet. 2002 formte er bei einem EU-Gipfel auf dem Abschlussfoto den kleinen Finger und den Zeigefinger zu Hörnern und grinste dabei wie ein Schuljunge, der sich auf Klassenfahrt einen Scherz erlaubte. Im EU-Parlament beschimpfte er den damals noch ziemlich unbekannten SPD-Abgeordneten Martin Schulz, indem er ihn mit dem Kapo eines Konzentrationslagers verglich. Immer wieder machte er in aller Öffentlichkeit sexistische Witze. Einer Frau, die ihm sagte, ihre Tochter sei schon lange arbeitslos, riet er vor laufender Kamera, die Tochter solle doch einen reichen Mann wie ihn heiraten. Politiker, Journalisten und Diplomaten waren darüber entsetzt, doch seinen Italienern hatte er deutlich gemacht: Ich bin einer von euch. Selbst auf der großen internationalen Bühne müssen wir uns nicht verstellen, wir sind, wie wir sind – und das ist gut so. In seinen späteren Jahren leistete sich Berlusconi sexuelle Eskapaden, die monatelang unter dem Namen »Bunga-Bunga-Partys« Justiz, Medien und Politik beschäftigten – Erscheinungen der Dekadenz eines Mannes, der jedes Maß verloren hatte. Die Bedeutung des Politikers Berlusconi für die italienische Geschichte ist jedoch woanders zu finden. Indem er den Italienern immer und immer wieder sagte, dass sie so, wie sie seien, absolut in Ordnung seien, vollzog er einen deutlichen Bruch mit der politischen Tradition.

Aber er war längst nicht der Einzige, der das Volk als grundsätzlich edel und gut darstellte, auch Politiker der Linken taten dies. Nur sprachen sie nicht vom Volk, sondern von der Zivilgesellschaft. Ob Berlusconi oder Linke, ob Liberale oder Konservative, alle sagten zu dieser Zeit, dass die Kraft der Erneuerung aus der Gesellschaft kommen müsse, direkt von den Menschen. Je tiefer die Parteien im Korruptionssumpf versanken, desto heller strahlte das Volk, die Zivilgesellschaft. Aber keiner konnte diese Botschaft so klar und so deutlich und über so viele Fernsehkanäle gleichzeitig verbreiten wie Berlusconi: »Wenn wir heute im Wohlstand leben, dann verdanken wir es der Tatsache, dass Millionen über Millionen von Italienern jeden Tag ihre Pflicht tun. Jeden Tag verlassen sie ihre Häuser und Wohnungen, sie gehen in Schulen, in Fabriken, in Unternehmen. Ihnen verdanken wir unseren Wohlstand und auch die Freiheit, die wir bis heute genießen können. Wir verdanken es dem Fleiß der Arbeiter und Bauern, dem Einfallsreichtum unserer Unternehmer – vor allem der Unternehmer, die Kleinstunternehmen gegründet und vorangebracht haben –, wir verdanken es der Kreativität und dem Talent unserer Handwerker, unserer Künstler, unserer Händler und all jenen, die das Risiko eingehen und selbstständig arbeiten!«[37]

Diese vielen Millionen Italiener beschrieb Berlusconi als Opfer eines gefräßigen, ineffizienten Staates, der von einer Klasse nimmersatter Politiker besetzt worden war. Politiker, die in ihrem Leben »nie gearbeitet« hätten. Der Staat, das war Berlusconis Kerngedanke, sollte der Freund des Bürgers werden, er sollte ihn nicht bedrängen, nicht behelligen, nicht verfolgen, sondern ihm dienen. Das bedeutete: Der Staat sollte seine Bürger in Ruhe ihren Geschäften nachgehen lassen. Dann würde sich die Kraft dieses wunderbaren italienischen Volkes entfalten können – und alles würde sich richten. Es kam einer Heiligsprechung des Volkes gleich.

Die Wiedergeburt der Nation

Wie die Lega das Land hinter sich schart

*»Es sind die Großstädter, die für den Selbstmord ihrer
Nationen stimmen, die Landbevölkerung hat ihn verhindert.
Deshalb sage ich euch: Ihr werdet Italien retten!«
Matteo Salvini in Castiglione delle Stiverie*

Koblenz, im Januar 2017. Die Spitzenpolitiker der europäischen rechtspopulistischen Parteien versammeln sich zu einem Gipfeltreffen. Die Französin Marine Le Pen ist gekommen, der Niederländer Geert Wilders, die Deutsche Frauke Petry. Die Briten haben sich sieben Monate zuvor in einem Referendum für den Austritt ihres Landes aus der Europäischen Union entschieden, Donald Trump hat die Wahlen in den USA gewonnen und sein Amt zu Beginn des Jahres angetreten. Im März wird in den Niederlanden gewählt, im Mai in Frankreich. Die europäischen Rechtspopulisten wittern Morgenluft. In Koblenz befeuern sie sich noch einmal gegenseitig. Geert Wilders ruft emphatisch in die Menge: »Das Jahr der Befreiung hat begonnen, das Jahr des patriotischen Frühlings!« Marine Le Pen sagt: »2017 wird das Jahr werden, in dem die Völker des europäischen Festlands erwachen.«[38]

Das Ende der »Tyrannei« habe begonnen. Auch ein italienischer Politiker ist an diesem Tag in Koblenz zu Gast. Er ist außerhalb Italiens kaum bekannt. Sein Name: Matteo Salvini. Er ist zu diesem Zeitpunkt 47 Jahre alt. In Koblenz ist er der schmalbrüstige, kleine italienische Bruder der rechtspopulistischen Schwergewichte. Seine Rede ist aggressiv, doch wirkt er im Vergleich zu Le Pen und Wilders etwas linkisch, weniger routiniert. Er liest weitgehend vom Blatt ab, während die anderen frei sprechen. Noch ist er nicht bereit für die große Bühne. Kaum jemand ahnt, dass er am Anfang einer großen europäischen Karriere steht.

Vierzehn Monate später ist Matteo Salvini *der* Star des europäischen Rechtspopulismus. Während Geert Wilders die Wahlen in den Niederlanden nicht gewinnt, während Marine Le Pen gegen den überzeugten Europäer Emmanuel Macron die Präsidentschaftswahlen verliert, erreicht Matteo Salvinis Lega bei den Parlamentswahlen in Italien im März 2018 17 Prozent – bei den landesweiten Wahlen 2013 lag die Lega Nord noch bei 4,3 Prozent –, eine Vervierfachung des Wähleranteils. Salvini wird Innenminister in einer Koalitionsregierung. Nur wenige Wochen nach Amtsantritt liegt seine Partei in Umfragen bei über 30 Prozent Zustimmung. Bei den Europawahlen erreichte die Lega 34 Prozent und wurde damit mit großem Abstand zur stärksten Partei Italiens. Innerhalb von fünf Jahren gewann die Lega knapp acht Millionen Wähler hinzu, von 1 686 556 Stimmen im Jahr 2014 auf 9 655 298 im Jahr 2019. In ihren traditionellen Hochburgen, im Norden des Landes, erreichte sie Werte von über 50 Prozent, in Mittelitalien legte sie um 20 Prozentpunkte zu. Selbst in Süditalien, wo sie bis vor kurzer Zeit vollkommen bedeutungslos war, kam sie auf rund 20 Prozent.

Salvini hat aus der Lega also auch eine Partei gemacht, die in allen Landesteilen stark ist[39], allerdings ist sie vor allem in den Dörfern, kleinen und mittleren Gemeinden erfolgreich, weniger in den Metropolen wie Mailand. Die Partei hat in allen Altersgruppen die relative Mehrheit. Bei der Generation der Babyboomer (Jahrgänge von 1946 bis 1964) kommt sie auf 35 Prozent, bei den 50- bis 56-Jährigen auf 37 Prozent, bei den sogenannten Millennials (Jahrgänge von 1986 bis 1996) auf 28 Prozent und bei den nach 1997 Geborenen auf 38 Prozent. Ähnliches gilt für die Berufe: 48 Prozent der Arbeiter wählen Lega, 27 Prozent der Selbstständigen. Auch bei der unteren Mittelschicht und der Mittelschicht hat die Lega eindeutig die Mehrheit im Vergleich zu den anderen Parteien, 39 respektive 35 Prozent. Bei den Frauen kommt die Lega auf 37 Prozent.[40] Salvini hat aus der Lega also binnen weniger Jahre eine veritable Volkspartei gemacht. Wie hat er das geschafft? Was sind die Gründe für diesen kometenhaften Aufstieg?

Eine Reise in vier italienische Orte soll Antworten geben. Vier unscheinbare Orte im Norden, in der Mitte und im Süden des Landes: Desenzano in der Lombardei (29 000 Einwohner), Pistoia in der Toskana (95 000 Einwohner), Macerata in Umbrien (42 000 Einwohner) und Lesina in Apulien (6000 Einwohner). Es ist eine Reise durch das Italien, das Matteo Salvini hervorgebracht hat, den bislang erfolgreichsten Rechtspopulisten in einem großen westeuropäischen Land.

»Probleme? Wir haben keine Probleme!«

Noch einmal zurück in das Jahr 2017. Es ist Ende April, ein windiger, klarer Frühlingstag am Strand von Desenzano, nicht weit vom kleinen Hafen Rivoltella entfernt. Das Wasser des Gardasees ist aufgewühlt, im Hintergrund ragen die Gipfel der Alpen empor, der Himmel ist strahlend blau, die Luft riecht würzig. Auf einer Bank, unter einem Baum, sitzt ein älterer Herr und hält ein Plakat vor seiner Brust: »SALVINI Premier« steht da in weißen Lettern auf blauem Grund zu lesen. Wenige Schritte entfernt spannen zwei Männer ein meterlanges Transparent quer über die eiserne Balustrade einer Strandterrasse: »SALVINI Premier«. Andere befestigen Flaggen der Lega Nord am Geländer. Bald schon soll Salvini da sein, doch noch heißt es warten. Nachdem das Transparent endlich wetterfest hängt und die Terrasse reich beflaggt ist, ziehen sich die Aktivisten in das kleine, wenige Meter entfernte Strandcafé zurück. Die Kaffeemaschine zischt, Tassen klappern, Gemurmel ist zu hören, nach und nach füllt sich das Café. Wer durch die Tür kommt, wird mit einem freundschaftlichen »Ciao!« begrüßt. Desenzano ist kein großer Ort. Man kennt sich. Man ist unter sich, noch.

»Welche Probleme haben Sie denn in Desenzano?«, frage ich einen Aktivisten der Lega. Der setzt seine Kaffeetasse ab und sagt: »Probleme?« Er zuckt mit den Schultern: »Eigentlich keine. Es geht uns gut! Desenzano hat immer sehr gut vom Tourismus gelebt. Bis heute ist das so. Wie sollte es auch anders sein? Schauen Sie sich um. Wir sind von Gott beschenkt worden!« Dann macht er mit der Hand eine Bewegung, als ziehe er einen Vorhang zur Seite. Der Blick durch das Fenster des Cafés zeigt eine Postkartenidylle.

Noch ist der Strand recht leer. Doch bald schon werden die Tage wärmer werden, dann kommen die Touristen. Spätestens im Juni werden Hunderte Sonnenhungrige am Strand liegen, der Lärm der Motorboote wird zu hören sein, während Windsurfer über die Wellen gleiten und Kinder im Wasser planschen. Der Gardasee ist beliebt, bei Italienern wie bei Deutschen, Österreichern und Schweizern. Es ist eine europäische Urlaubsregion, eine geschichtsträchtige Gegend.

Sechzig Kilometer westlich von Desenzano entfernt liegt Verona, die schöne, die geschäftige, die reiche Stadt, die jeder Reisende, der vom Norden kommt, passieren muss. Tausende fahren jährlich über den Brenner, nur um in der spektakulär schönen Arena von Verona Opern zu hören. Fünf Tage für 550 Euro, vier Übernachtungen, zwei Aufführungen, Stadtführung, ein Blick auf den berühmten Balkon des unglücklichen Liebespaares Romeo und Julia steht selbstverständlich auf dem Programm, Aida und Nabucco von Giuseppe Verdi sind sehr beliebt, die kraftvollen Opern aus dem 19. Jahrhundert, die zu Hymnen der italienischen Nation wurden. Wenn der Gefangenenchor »Va, pensiero ...« anstimmt, kann das Publikum die romantische Begeisterung nachempfinden, mit der sich national gesinnte Italiener gegen ihren Erzfeind, die Habsburger Monarchie, auflehnten.

Flieg, Gedanke, auf goldenen Schwingen,
Lass dich nieder auf jenen Hängen und Hügeln,
Wo sanft und mild der wonnige Hauch
Der Heimaterde duftet.

Es brauchte eine ganze Reihe von Kriegen, bis die letzten italienischen Provinzen 1866 die Herrschaft Österreich-Ungarns abgeschüttelt hatten. Die wichtigen Schlachten fanden hier, im Umkreis von sechzig Kilometern statt. Nach der gescheiterten März-Revolution des Jahres 1848 bauten die Österreicher in der Gegend vier Festungen, die miteinander in Verbindung standen. In Peschiera, direkt am Gardasee, 14 Kilometer von Desenzano entfernt, in Mantua, in Legnago und in Verona. Auch diese Festungen sind nicht weiter als fünfzig Kilometer voneinander entfernt. Dieses *Quadrilatero*, das Vierfestungswerk, bildete die eiserne Klammer, die den italienischen Drang nach einer eigenen Nation bändigen sollte, denn die Habsburger waren nicht bereit, ihre italienischen Besitzungen kampflos aufzugeben. Im Dorf Solferino, etwas mehr als zehn Kilometer von Desenzano entfernt, wurde eine der entscheidenden Schlachten in diesem jahrzehntelangen Ringen geschlagen. Am frühen Morgen des 24. Juni 1859 trafen die Truppen Habsburgs auf die Italiener und ihre französischen Verbündeten. Am Abend lagen mehr als 40 000 Soldaten tot im Feld. Die Schlacht von Solferino war eine der grausamsten des 19. Jahrhunderts. Der Schweizer Geschäftsmann Henry Dunant wurde durch einen Zufall Zeuge dieses Gemetzels und gründete unter den Eindrücken des entsetzlichen Massensterbens das Internationale Rote Kreuz. Zwei Jahre nach der Schlacht von Solferino war Italien unter der Führung des Königshauses Piemont geeint – nur Triest fehlte noch, Rom und die vatikanischen Besitzungen.

Das Königreich Italien war, wie Deutschland, eine »verspätete Nation« Europas. Jung, wie diese Nationen waren, hungerten sie nach Ruhm und Ehre. Sie drängten nach vorn, an einen »Platz an der Sonne«. Sie wollten das haben, was die um einiges älteren Nationen, die Engländer und die Franzosen, schon längst hatten: Kolonien. Ihr Besitz war damals nicht nur Grundlage politischer und ökonomischer Macht – es war auch eine Frage des Prestiges. Wer im Kreise der Großen etwas zählen wollte, der besaß Kolonien. Und so verwandelte sich die italienische Befreiungsbewegung des 19. Jahrhunderts binnen weniger Jahrzehnte. Hatte man eben noch alle Energien gegen einen Unterdrücker gewendet, zog man nun aus, um in fernen Ländern fremde Völker zu unterwerfen. Bereit 1882 kaufte Italien einige Gebiete in Eritrea und Somalia, und einige Jahre später begann es von dort aus eine kriegerische Expansion nach Äthiopien. 1896 allerdings wurden die italienischen Truppen von den Äthiopiern bei Adua vernichtend geschlagen. Die Niederlage bremste Italiens Expansion für einige Zeit, aber den Willen der jungen Nation, Kolonien zu besitzen, brach sie nicht. Der deutsche Reichskanzler Otto von Bismarck bemerkte damals süffisant: »Italien hat großen Appetit, aber schlechte Zähne.« 1911 eroberten die Italiener Teile Libyens und brachten es unter ihre Kontrolle.

Wenige Jahre später entlud sich der nationalistische Furor, der alle europäischen Länder erfasst hatte, im Ersten Weltkrieg. Das alte Europa beging kollektiven Selbstmord. Italien trat 1915 auf Seiten der Triple Entente in den Krieg ein. Man hatte den Italienern Versprechungen gemacht: Trentino, Tirol bis zum Brenner, Teile Dalmatiens sollten im Fall des Kriegseintrittes und eines Sieges ihnen zugeschlagen werden. Doch nach Ende des Krieges bekamen Italiens Nationalisten nicht alles, was versprochen war. Der nationalistische Dichter und Pilot Gabriele D'Annunzio prägte den

Begriff *la vittoria mutilata* – der verstümmelte Sieg. Man habe sich im Feld tapfer geschlagen, man sei siegreich aus dem harten Ringen hervorgegangen, das Hunderttausende Italiener das Leben gekostet habe, am Ende sei man aber um die Frucht dieses Sieges betrogen worden – so die Legende von *la vittoria mutilata*. Der Ausdruck wurde zu einem Kampfbegriff, hinter dem sich die nationalistischen und revanchistischen Kräfte des Landes sammelten. Sie lauerten auf neue Gelegenheiten, gierten nach Gewalt und Größe. Ihre Chance kam 1922. Benito Mussolini übernahm die Macht in Rom. Er schaltete die Opposition aus, errichtete ein Gewaltregime und baute einen höchst effizienten und für damalige Verhältnisse äußerst modernen Propagandaapparat auf, der ganz auf seine Person zugeschnitten war. Trotz der Gewalt im Inneren war Mussolini lange Zeit populär – das änderte sich erst nach dem Kriegseintritt im Jahr 1940, als er als Verbündeter Hitlers in den Krieg eintrat.

Auch wenn Italien 1943 die Seiten wechselte und am Ende als Sieger aus dem Zweiten Weltkrieg hervorging, waren die Folgen des Krieges verheerend. Der Faschismus hatte im Namen der Nation großes Unglück mit sich gebracht. Wie in Deutschland war auch in Italien »die Nation« als politischer Begriff diskreditiert, benutzt wurde er nur noch vom äußersten rechten Rand des politischen Spektrums. Die Parteien, die dort angesiedelt waren, erreichten nach dem Krieg bei Wahlen maximal 9 Prozent. Die neofaschistische Movimento Sociale Italiano (MSI) etwa war nur in bestimmten Regionen des Südens stärker vertreten. In der politischen Mitte des Landes spielte der Begriff »Nation« dagegen nur mehr eine untergeordnete Rolle. Der Patriotismus, die sprudelnde, klare Quelle des Widerstands gegen imperiale

Unterdrückung im 19. Jahrhundert, war von den Trümmern der beiden großen Kriege des 20. Jahrhunderts verschüttet worden.

Ein Manifest für Europa

1941, mitten im Zweiten Weltkrieg, schrieb ein Mann namens Altiero Spinelli ein Manifest, das den Europäern den Weg in die Zukunft zeigen sollte. Spinelli saß in einer Gefängniszelle auf der kleinen Insel Ventotene vor Neapel, als er mit seinen Mitgefangenen Ernesto Rossi und Eugenio Colorni das Manifest verfasste. Er war vom faschistischen Regime wegen verbotener politischer Aktivitäten zu 16 Jahren und acht Monaten Haft verurteilt worden. Spinellis Schrift wurde als »Manifest von Ventotene« bekannt und gilt als ein ideelles Gründungsdokument der Europäischen Union. Die Gefangenen schmuggelten es aus dem Gefängnis, und so fand es Verbreitung. Spinelli glaubte, dass nur ein Vereinigtes Europa die richtige Antwort auf die doppelte Katastrophe des Ersten und Zweiten Weltkrieges sein konnte.

In dem Manifest beschreibt er präzise, wie die Nation den Menschen zunächst Freiheit brachte. »Die Ideologie der nationalen Unabhängigkeit wurde zu einem höchst wirksamen Sauerteig des Fortschrittes. Sie überwand die engstirnige Kirchturmpolitik zugunsten einer weiter gefassten Solidarität im Kampf gegen fremde Unterdrücker. Sie entfernte zahlreiche Hindernisse auf dem Weg zur ungehinderten Bewegungsfreiheit der Menschen und Waren. Sie dehnte innerhalb des neugeschaffenen staatlichen Raumes die Institutionen zivilisierterer Gesellschaftsordnungen auf unterentwickelte Bevölkerungsschichten aus.«

Und dann schildert er, wie sie degenerierte und den Menschen Tod und Vernichtung brachte. »Die Nation ist (…) zu einem göttlichen Wesen geworden (…), das ausschließlich seine eigene Existenz und seine eigene Entwicklung im Auge haben darf, ohne Rücksicht darauf, welchen Schaden es dadurch anderen zufügt. Die absolute Souveränität der Nationalstaaten hat zu einem Machtstreben aller gegen alle geführt, sieht sich doch jeder von ihnen durch die Macht des anderen bedroht und betrachtet immer größere Gebiete als den ihm zustehenden Lebensraum, innerhalb dessen er sich freier bewegen und seine Existenz unabhängig von den anderen gestalten kann. Dieses Machtstreben kann nur auf eine Art zur Ruhe kommen: in der Hegemonie des stärksten Staates. Die Folge davon war, dass der Staat sich vom Beschützer der Freiheit seiner Bürger zum Herrn über geknechtete Untertanen entwickelt hat, dem alle Mittel zur Verfügung stehen, um seinem Willen mit Waffen Nachdruck zu verleihen.«[41]

Um all das zu vermeiden, um einen Weg aus der europäischen Katastrophe zu finden, sieht Spinelli nur einen Weg: »Es gilt, einen Bundesstaat zu schaffen, der auf sicheren Beinen steht und anstelle nationaler Heere über eine europäische Streitmacht verfügt. Es gilt, endgültig aufzuräumen mit den wirtschaftlichen Autarkien, die das Rückgrat der totalitären Regime bilden. Es braucht eine genügende Anzahl von Organen und Mitteln, um in den einzelnen Bundesstaaten die Beschlüsse durchzuführen, die zur Aufrechterhaltung der allgemeinen Ordnung dienen. Gleichzeitig soll den Staaten jene Autonomie belassen werden, die eine plastische Gliederung und die Entwicklung eines politischen Lebens gemäß den besonderen Wesensmerkmalen der verschiedenen Völker gestattet (...). Neue Werke rufen nach neuen Menschen: die Stunde wird schlagen für die *Bewegung für ein freies und vereinigtes Europa.*«[42]

Wie viele andere Europäer in jenen Jahren glaubte der Italiener Spinelli, die richtigen Lehren aus der Geschichte gezogen zu haben. Eine Vereinigung der Nationalstaaten zu einem Bündnis sollte den Kontinent aus dem blutigen Labyrinth des 20. Jahrhunderts führen. Italien gehört zu den Gründungsnationen der Europäischen Union, es brachte herausragende Politiker hervor, die die europäische Integration entschlossen vorantrieben. Wie Deutschland musste auch Italien, nach einer mehr als zwanzig Jahre andauernden faschistischen Diktatur, erst im Westen ankommen. So wie der deutsche Kanzler Konrad Adenauer für die Westbindung Deutschlands stand, so stand der christdemokratische Ministerpräsident Alcide De Gasperi für die Westbindung Italiens. De Gasperi hatte die typische Biografie eines Mitteleuropäers. Er war in Trient geboren und aufgewachsen. Die Stadt hatte bis 1918 zum Habsburger Kaiserreich gehört, und De Gasperi saß vor dem Ersten Weltkrieg als Abgeordneter im Wiener Parlament. Er führte sein Heimatland nach Europa. Italien hatte zwar eine große Volkswirtschaft, aber politisch erreichte es nie das Gewicht von Frankreich oder Deutschland. Trotzdem wurde es in allen wesentlichen Fragen konsultiert.

Das Glücksparadox

Hier, am Strand von Desenzano, lässt sich mit offenen Augen sehen, dass die noch in den Trümmern entwickelte Zauberformel Europas aufgegangen ist, dass Europa sein Versprechen für Wohlstand, Frieden und Demokratie eingelöst hat – aber es lässt sich auch beobachten, dass der Glaube an ebendieses Europas bröckelt. »Keine Probleme!«, sagt der Aktivist der Lega, »wirklich, wir haben keine!« Doch gleichzeitig gehört der Mann einer Partei an, deren Chef nur von Problemen spricht: Matteo Salvini. Ein Gespräch über diesen erstaunlichen Widerspruch entwickelt sich nicht, denn nun ist Salvini endlich gekommen. Schnellen Schrittes eilt er den Uferweg entlang, hinter und neben sich eine Traube von Menschen, die immer größer wird, je näher er der Terrasse kommt. Das Café leert sich schnell, alle wollen Salvini sehen und ihm möglichst nahe sein. Als er angekommen ist, schließt er den Reißverschluss seiner Windjacke, nimmt sich ein Mikrofon und fängt an zu sprechen. Rund 200 Leute sind nun hier versammelt, die meisten von ihnen Sympathisanten oder Aktivisten der Partei. Salvini muss hier niemanden überzeugen, er muss die Überzeugten nur noch weiter befeuern und in ihnen den Glauben wecken, dass eine große Veränderung bevorstehe.

Er wettert gegen die Europäische Union, gegen den Euro, die Migration, den Islam. Wenn er spricht, ist die Apokalypse nicht weit. »Die Lega Nord ist die letzte Hoffnung!«, wiederholt er immer wieder. Gemeint ist: Entweder wir oder der Untergang.

Warum ist ein Apokalyptiker wie Salvini unter Menschen populär, die allen Statistiken zufolge ein gutes Leben haben, ein besseres jedenfalls als ihre Vorfahren? Warum wählen die materiell Gesättigten einen, der von der drohenden Finsternis spricht?

Dieses Glücksparadox ist nicht nur in Italien zu erkennen, sondern auch in anderen Mitgliedsländern der Europäischen Union. Doch bei genauem Hinsehen ist es gar keines. Man kann in der idyllischen Landschaft von Desenzano leben, vernünftig sein und trotzdem gute Gründe haben, sich zu fürchten. Auch hier, in diesem von Gott offensichtlich so reich beschenkten, in diesem so hellen Land, kann es ganz schnell düster werden, wenn einer über die Gefahren redet, die Italien drohen. Es ist nicht schwer, den Menschen hier Angst einzujagen, man muss nur ein paar Zahlen und Trends in einen Zusammenhang setzen. 2016 wanderten 250 000 Italiener aus. Nur in der unmittelbaren Nachkriegszeit verließen mehr Menschen das Land. Die Italiener stimmten mit ihren Füßen ab – es war ein vernichtendes Urteil. Gleichzeitig kamen allein zwischen 2014 und 2016 über 620 000 Menschen nach Italien, die allermeisten illegal über das Mittelmeer. Illegale Migration, Massenarbeitslosigkeit und massive Auswanderung, das sind Tatsachen, keine Phantasien. Italiener gehen, die Fremden kommen. Salvini muss nur noch erwähnen, dass die Italiener die niedrigste Geburtenrate Europas haben, und nur noch sagen, dass Europa die Italiener allein gelassen habe mit den Hunderttausenden Migranten – schon ist der explosive Cocktail gemischt. Doch auch das allein erklärt nicht den heftigen Applaus, den er in Desenzano bekommt.

Ein Mann, der seine Mission findet

Die Lega ist in der Lombardei Anfang der achtziger Jahre des 20. Jahrhunderts entstanden, damals noch als Lega Nord. Die innenpolitische Landschaft Italiens war zwar von einer Vielzahl politischer Parteien geprägt, doch war sie alles in allem recht übersichtlich, die achtziger Jahre waren alles in allem gute Zeiten. Italien wurde zur fünftgrößten Industrienation der Welt und Mitglied der G7-Staaten. Treiber dieses Erfolges war der Norden, insbesondere die Lombardei, aber auch der Veneto. Die Wirtschaftskraft dieser Regionen ist vergleichbar mit jener Bayerns und Baden-Württembergs. Die Deindustrialisierung hatte bereits eingesetzt, doch sie äußerte sich zunächst nur darin, dass die großen Unternehmen wie etwa der Autobauer Fiat begannen, Personal abzubauen und Produktionen auszulagern. Im Norden sprach man bald von den *padroncini*. Die Klein- und Kleinstunternehmer nutzten die neuen Spielräume, die durch die Auslagerung einer Reihe von Dienstleistungen durch große Industrien entstanden. Viele *padroncini* waren selbst zuvor in der Industrie beschäftigt gewesen. Sie machten sich selbstständig, weil sie oft keine andere Wahl hatten. Im Nordwesten, im Veneto besonders, bildeten Familienbetriebe das Rückgrat der Wirtschaft. In diesem Milieu wuchs der Unmut über die immer drückendere Steuerlast und die in fast alle Lebensbereiche ausgreifende Bürokratie.

Ein Mann namens Umberto Bossi wusste das zu nutzen. Er wurde 1941 in einem kleinen lombardischen Ort geboren, schlug sich lange Zeit mit verschiedenen Arbeiten durch, ohne wirklich Fuß fassen zu können. Er trieb sich in Zirkeln herum, die sich mit regionaler Geschichte beschäftigten und den lombardischen Dialekt erforschten und pflegten. Schließlich entdeckte er seine Bestimmung: die Politik. Gemeinsam mit einigen Mitstreitern gründete er 1987 die Lega Nord. Diese Männer, es waren zunächst ausschließlich Männer, hatten einen ganz unterschiedlichen politischen Hintergrund. Manche kamen aus dem christdemokratischen Lager, andere waren Sozialdemokraten, und wieder andere waren eine Zeit lang in extremen linken Bewegungen aktiv gewesen. Die Lega Nord konnte ihnen allen eine politische Heimat bieten, weil sie sich nicht nach dem klassischen Rechtslinks-Schema organisierte. Nicht die politische Orientierung bestimmte in erster Linie über die Zugehörigkeit zur Partei, sondern das Territorium – Norditalien. Umberto Bossi hatte damit einen Graben freigelegt, der für alle Italiener spürbar war. Es war der Graben zwischen dem Norden und dem Süden Italiens.

»Wenn wir wollen, dass alles so bleibt, wie es ist, dann müssen wir alles anders machen«, sagt Tancredi, der Neffe des Großgrundbesitzers Graf Salina in dem italienischen Schlüsselroman über die Einigung Italiens, »Il Gattopardo« von Giuseppe Tomasi di Lampedusa. Dieser Satz ist gleichzeitig die Definition eines besonderen Merkmals italienischer Politik, des *trasformismo*. Damit ist nicht nur die Fähigkeit gemeint, sich an neue Verhältnisse anzupassen, ohne sich wirklich zu ändern, sondern auch die Flexibilität einer politischen Kultur, der es immer wieder gelingt, oppositionelle politische Bewegungen aufzusaugen und ihnen dabei jeden Stachel zu ziehen. Das Nord-Süd-Gefälle spielte in der italienischen Politik immer eine Rolle, doch es hatte noch nie eine Partei gegeben, die die Einheit Italiens dermaßen rabiat aufs Spiel setzte, indem sie den einen Landesteil gegen den anderen aufbrachte – und damit Erfolg hatte. Mit Umberto Bossi war ein Politiker auf die Bühne getreten, der genau wusste, dass sein Erfolg davon abhing, dass er sich den Stachel nicht ziehen lassen durfte. Nur solange er zeigen konnte, dass er etwas radikal Neues repräsentierte und nicht den Verlockungen der Macht in Rom erlag, nur so lange konnte er Erfolg haben. Er musste radikal sein, in der Sprache, in seinem Auftreten, in seinen Forderungen – und darauf verstand er sich bestens.

Umberto Bossi tat etwas, was vielen Italienern ziemlich verrückt erschien. Er sprach von einer padanischen Identität, die anders sei als jene des restlichen Italiens. Den lombardischen Dialekt wertete er kurzerhand zur Sprache Padaniens auf. Bossi selber hatte in seiner Jugend Dialektgedichte geschrieben. Der Verlust der Heimat und die Zerstörung der Umwelt waren zentrale Themen. Eines seine Gedichte trägt den Titel »Der tote See«.[43]

> Manchmal ist der Himmel noch blau. Manchmal ist
>   das Gras noch grün.
> Aber der See ist tot.
> Er ist voller Büchsen, voller Lumpen
> voller Ölflecken, voller Mäuse
>
> Der See ist tot
> Sie haben ihn ermordet, unseren See
> Unsere Leute wollten einen Platz, eine Straße, auch nur
>   eine Gasse
> Der See ist tot.

Einmal im Jahr rief er die »lombardischen Massen« – wie er sie nannte – auf einem großen Feld in dem kleinen Ort Pontida zusammen. Hier hatte sich im Jahr 1167 die Lega Lombarda gegründet, um sich gegen Friedrich Barbarossa zur Wehr zu setzen. Und so wie es die Lombarden vor 850 Jahren getan hatten, so sollten sich die Lombarden und alle ihre Brüder des Nordens gegen die Barbaren aus dem Süden des Landes wehren. Bossi attackierte Rom und die politischen Eliten in einer ungewohnt harten und vulgären Sprache. Blutsauger, Diebe, Verbrecher, Mafiosi – er ließ kein Schimpfwort aus, wenn er von den *meridionali*, den Süditalienern, sprach. Ein beliebtes Ziel seiner Attacken war der Risorgimento – die italienische Nationalbewegung und ihre Grundannahme, dass Italien eine Nation sei. 1996 erklärte Bossi die Unabhängigkeit Padaniens. Dabei sagte er:»Die Geschichte des Risorgimento ist eine Geschichte kolonialer Unterdrückung, wirtschaftlicher Ausbeutung und moralischer Gewalt.« Damit lag Bossi nicht ganz falsch, zu jener Zeit erschien eine Reihe von Büchern, die deutlich machten, wie hoch der Preis gewesen war, den der Süden für die Einigung bezahlt hatte. Der Historiker und Journalist Lorenzo Del Boca etwa wies nach, dass die süditalienischen Soldaten in auffallend hoher Zahl im Ersten Weltkrieg gefallen waren. Geschichten, die bisher Historikern bekannt waren, rückten in das Licht einer breiteren Öffentlichkeit. Eine ernsthafte Debatte über die italienische Einigung hätte in Gang kommen können, die Zeit dafür war reif.

Doch Bossi ging es nicht darum, er wollte aus dieser Geschichte nur politisches Kapital schlagen. Er wütete wie ein Berserker und drohte immer wieder mit der Abspaltung des Nordens vom Rest des Landes. So wild, so ungestüm und unkontrolliert er sich auch gab, Bossi war mit einem bemerkenswerten politischen Instinkt ausgestattet. Die Lega Nord machte sich zum Sprachrohr des Unbehagens gegenüber dem Staat, das besonders im hoch industrialisierten Norden des Landes weit verbreitet war. Diese Region war und ist geprägt von kleinen und mittleren Unternehmen, die auf dem Weltmarkt teilweise sehr erfolgreich sind und das Rückgrat der italienischen Wirtschaft bilden. Doch sie fühlten sich von der römischen Bürokratie geknebelt, von der Steuerlast erdrückt, von der politischen Klasse in Rom ausgesaugt. Die Lega Nord war viel mehr als nur eine Partei, die sich gegen Steuern und Bürokratie auflehnte. Sie setzte das Volk des Nordens in Opposition zur politischen Klasse. Das hart arbeitende, ehrliche, tugendhafte Volk im Norden gegen die Faulenzer im Süden, die sich in den Institutionen eines angeblich verrotteten Staates eingenistet hatten.

Die Lega Nord hatte von Beginn an immer auch eine fremdenfeindliche Seite. Sie schürte stets die Ängste der Italiener vor der Zuwanderung. Als 1991 in Albanien die Diktatur zusammenbrach, versuchten Zehntausende Albaner über das Meer nach Italien zu kommen. Berühmt geworden ist das Frachtschiff Vlora, das im albanischen Hafen von Durrës von Tausenden Albanern gekapert worden war und wenig später im Hafen von Bari anlegte. Die Lega Nord plakatierte die Bilder des überfüllten Schiffes und schrieb dazu: »Invasion! Stoppen wir sie!« Die mindestens 10 000 Albaner wurden im Fußballstadion von Bari festgesetzt und nach wenigen Tagen wieder ausgewiesen. Damit war der Spuk vorbei, doch das Bild von der mit Menschen überfüllten Vlora, die auf Italiens Küste zusteuerte, hatte sich ins kollektive Gedächtnis der Italiener eingebrannt. Wer Angst schüren wollte, der verfügte nun über die entsprechende Ikone. Während der Parlamentswahlen im Jahr 2008 zeigte die Lega Nord Plakate mit dem Konterfei eines nordamerikanischen Indianers mit Kopfschmuck und stolzem Gesichtsausdruck. Auf dem Plakat stand zu lesen: »Sie haben Immigration erlitten. Jetzt leben sie in den Reservaten!« Mandatsträger der Lega Nord gaben immer wieder hässliche Kommentare über Muslime und Roma ab und der Zentralmacht in Rom die Schuld an der »Invasion« – sie nahmen mit dieser Metapher vorweg, was von Rechtspopulisten in allen europäischen Ländern in den kommenden Jahren verwendet werden sollte. Leicht abgewandelt hat sie etwa der ungarische Ministerpräsident Viktor Orbán aufgenommen. Auch er sprach von einer Invasion, und auch er machte die »Zentralmacht« dafür verantwortlich – und meinte Brüssel.

Ein ausgeprägter Machtinstinkt

Und trotzdem: Sobald sich die Gelegenheit bot, übernahm die Lega Nord in dem so viel geschmähten Rom Regierungsverantwortung. Sie regierte zweimal mit Silvio Berlusconi, von 1994 bis 1996 und von 2001 bis 2006. Sie bemühte sich nach Kräften, ihren rauen, wilden Charakter zu bewahren. Bossi wusste, dass er niemals so reden durfte wie die klassischen italienischen Parteipolitiker, dass er alles tun musste, um anders zu erscheinen, besonders dann, wenn er in Rom mitregierte. Kaum hatte er die Koalition mit Berlusconi im Jahr 1996 beendet, beschimpfte er ihn als Berluskaiser und Berluscaz (von *cazzo* – Schwanz). Auf der jährlichen Festveranstaltung der Partei in Pontida gab er sich völlig entfesselt. Einer amtierenden Ministerin rief er mit entsprechend drohendem Handzeichen »Ce lo duro!« zu – »Ich habe einen Harten!« Männliche Vulgarität gehört zum Programm.

Matteo Salvini, der 1973 in Mailand in behüteten kleinbürgerlichen Verhältnissen geboren wurde und keine zehn Jahre alt war, als Bossi die Lega Nord gründete, war fasziniert von diesem Mann. Was andere als abstoßend empfanden, wirkte auf ihn anziehend. Salvini trat im Alter von 17 Jahren der Lega Nord bei, auch weil sie wie »keine andere Partei die regionale, lokale Identität« ins Zentrum ihrer Politik stellte. Er sah bedroht, was er »das Nest, die Wurzel, das Mailand meiner Kindheit, in der mir alles grenzenlos erschien«, nennt. Er propagierte die Ideen von einer padanischen Identität in seinem links geprägten Gymnasium Manzoni und fiel damit auf. Er eckte an, was ihm sehr gefiel. Er empfand »Lust dabei, von der etablierten Macht gefürchtet zu werden«.[44] Daraus zieht er bis heute seine Energie. Er liebt den Nonkonformismus, weil er ihn stark machte.

Er übernahm die harte, aggressive und hämische Sprache Bossis und blieb ihr treu, als er 2013 zum Vorsitzenden der Lega Nord gewählt wurde. Auch er versteht sich wie Bossi meisterhaft auf die inszenierte Provokation. Schnell wurde er berühmt für T-Shirts mit politischen Botschaften, die er über sein Hemd zieht. Im Europaparlament, in das er 2004 gewählt wurde und dem er bis 2018 angehörte, zeigte er sich mit einem weißen T-Shirt, auf dem Wladimir Putin abgebildet war, um gegen die Russlandsanktionen der EU zu protestieren. Als man ihn Populist schalt, zeigte er sich mit einem T-Shirt, auf dem stand: »Ich bin ein Populist« – knallgelbe Schrift auf blauem Hintergrund. In den italienischen Fernsehshows tauchte er mit einem schwarzen T-Shirt auf, das einen Bagger zeigte, unter dem stand: Bagger in Aktion.

Salvini als Abräumer, als Saubermann. Er brach lustvoll die Dresscodes des politischen und medialen Establishments, war aber nicht der einzige Politiker, der auf diese Weise für Aufmerksamkeit sorgte. Damals, gegen Ende der langen Herrschaft Silvio Berlusconis, machte der Bürgermeister von Florenz mit ähnlichem Vokabular von sich reden, der Sozialdemokrat Matteo Renzi bezeichnete sich selbst als *rottamatore*, als Verschrotter. Renzi stand eine große Karriere bevor. 2013 wurde er zum Ministerpräsidenten gewählt, und auch in diesem Amt versprach er noch, zu verschrotten, was nicht mehr brauchbar war. Was und wen genau der Ministerpräsident für unbrauchbar hielt, blieb meist im Unklaren. Die vielen Jahre der Regierung Berlusconis hatten bei vielen Italienern offenbar ein großes Bedürfnis entstehen lassen, reinen Tisch zu machen. Es gab den dringenden Wunsch nach einem Neuanfang.

Renzi und Salvini hatten das verstanden und versuchten davon zu profitieren, indem sie sich selbst als Tabubrecher inszenierten. Sie verstanden sich als Sprachrohr einer Generation. Beide hatten schon früh ihr mediales Talent gezeigt, bereits als Jugendliche traten sie beide – unabhängig voneinander – in Fernseh-Quizshows auf. Salvini war im Alter von zwanzig Jahren Gast in der Sendung »Il pranzo è servito«. Als der Moderator ihn bat, sich vorzustellen, sagte er fröhlich: »Ich bin ein Nichtstuer, der an der Universität eingeschrieben ist und auf Prüfungen wartet.« Vorbild und Meister in der Disziplin der Provokation blieb aber Umberto Bossi. Er war berühmt geworden, als er sich in der sardischen Luxusvilla von Silvio Berlusconi in einem Unterhemd hatte ablichten lassen. Er sah, mitten im barocken Prunk des Parvenüs Berlusconi, wie ein Maurer aus, der sich gerade eine Pause gönnte und sich dabei mürrisch an den Tisch desjenigen setzte, dessen Reichtum er verachtete. Das Foto wurde zur Ikone.

Abschied vom Separatismus

In einem Punkt unterscheidet sich Salvini aber ganz wesentlich von Bossi: Er verabschiedete sich schrittweise von den separatistischen Träumen der Lega Nord. Seit seinem Amtsantritt als Parteichef 2013 versuchte er, die Lega Nord systematisch zu entregionalisieren, ein Blick auf eine Reihe seiner öffentlichen Auftritte im Frühjahr 2017 macht dies deutlich. Am Tag nach seiner Rede in Desenzano fuhr er nach Catania, Sizilien, tritt in Palermo auf, in Tarent, in Neapel, Cosenza, Bari und Frosinone. Er wagt sich also in den tiefsten Süden Italiens vor. Dorthin, wo nach seiner früheren Diktion die Barbaren leben, die den brav arbeitenden Norditalienern das Blut aus den Adern saugen, dorthin, wo ihm mitunter auch noch während des Wahlkampfes für die Parlamentswahlen im Jahr 2017 bitterer Zorn entgegenschlug.

Salvini hatte sehr früh ein ambitioniertes Ziel vor Augen: Er wollte seine Partei als nationale Kraft etablieren. Viele in der Partei empfanden das als Verrat an den ursprünglichen Idealen. Doch spätestens im Frühjahr 2017 wurden für alle die Erfolgschancen einer solchen Strategie sichtbar. Ähnlich wie in Frankreich und in Österreich waren die klassischen politischen Parteien entscheidend geschwächt. Hunderttausende Wähler blieben verwaist. In Frankreich demontierte Emmanuel Macron mit seiner Bewegung »En Marche« im

Jahr 2017 binnen weniger Monate die ausgelaugten etablierten Parteien auf spektakuläre Weise. In Österreich gelang dem Konservativen Sebastian Kurz ein ähnliches Kunststück. Er inszenierte sich selbst als Bewegung, seine Partei, die ÖVP, unterwarf sich ihm aus Angst und Not. Und in Italien wollte Salvini die politische Mitte beerben, die nach mehr als zwanzig Jahren Silvio Berlusconi an der Macht ausgelaugt war. Damit ihm das gelingen konnte, versuchte er die Lega Nord in eine Kampfmaschine aller Italiener zu verwandeln. Salvini sieht nach eigenen Worten keinen Gegensatz zwischen Nord- und Süditalien, keinen zwischen links und rechts, für ihn gibt es nur einen zentralen Unterschied: Es gibt freie Menschen und es gibt die Unfreien. Es gibt die Sklaven der staatlichen Bürokratie, die Sklaven der Europäischen Union, die Sklaven der Globalisierung, und es gibt die freien, stolzen, mit ihrer Heimat verwurzelten Menschen, die sich nicht unterwerfen wollen, auch nicht der Europäischen Union. Salvini inszeniert sich als Verteidiger der Arbeiter, der kleinen Angestellten, der Italiener also, die »früh morgens aufstehen und spät abends ins Bett gehen, um den Reichtum des Landes zu schaffen«.[45] Zum Volk Salvinis zählen nicht mehr nur die Lombarden wie bei Umberto Bossi – zu Salvinis Volk gehören alle Italiener.

Doch bei all dem Krach, all dem Lärm und der zur Schau gestellten männlichen Kampfbereitschaft – manchmal schimmert in Salvinis Reden so etwas wie Melancholie durch. Seine Kritik an der globalisierten Gegenwart trägt mitunter existenzialistische Züge. In seiner Rede auf dem Parteikongress 2017 in Parma beschrieb er die Lage des modernen, unterworfenen Menschen mit folgenden Worten: »Du wirst geboren, du arbeitest, du produzierst, du konsumierst, du stirbst!« Er wiederholte es mehrmals langsam, betonte dabei jede Silbe und machte eine kreisende Handbewegung: »Es gibt eine große Maschine: Du wirst geboren, du arbeitest, du produzierst, du konsumierst, du stirbst! Die Maschine gibt dir nicht mal die Zeit, nachzudenken: Du wirst geboren, du arbeitest, du produzierst, du konsumierst, du stirbst!«[46] Wer solche Sätze hört, der könnte meinen, Salvini sei ein Antikapitalist – doch die Lega Nord war immer auch die Partei der kleinen und mittleren Unternehmer. Sie wehrt sich nicht gegen den Kapitalismus an sich, sondern gegen das, was die Lega Nord *poteri forti* nennt – die starken Mächte: Banken, Firmenkonglomerate, internationale Großunternehmen. Die Wähler der Lega Nord erwarten nicht nur Schutz vor diesen großen Mächten, sondern auch die Bewahrung ihrer Heimat, in der sie verwurzelt sind.

Diesem Unbehagen an einer sinnentleerten Welt stellt er das Bild des intakten Territoriums entgegen. Was für die Lega Nord früher der Norden Italiens war, das wurde bei Salvini das gesamte italienische Staatsgebiet. Italien erscheint in seinen Reden als ein auf vielfache Weise bedrohtes Land, das um sein Überleben kämpft – und der Feind hat viele Gesichter: »Invasoren aus den islamischen Ländern«, »die Idioten in Brüssel«, »der Staat, der größte Mafiaboss«, die »Regierung, die die Armen bestraft«, der »Turboliberalismus«.[47] Wohin Salvini also auch blickt, er entdeckt Feinde. Er attackiert sie gnadenlos mit rhetorischer Härte. Wo es Risse gibt, da vertieft er sie. Er will die Mitte besetzen, indem er sie radikalisiert, und er versucht, sie gleichzeitig neu zu verorten, nämlich in der Enge des nationalen Territoriums.

Nach seinem nachmittäglichen Auftritt im Café tritt Salvini am Abend am Stadtrand von Castiglione delle Stiviere auf, wenige Kilometer von Desenzano entfernt. Jemand hat auf den Asphalt des Hotelparkplatzes in blauer Farbe: »Salvini razzista!« – Rassist Salvini – gesprüht. Salvinis Wagen fährt über die Schrift hinweg. Der große Saal in der Hotelanlage ist gut gefüllt, es dürften rund 150 Menschen sein. Die meisten hier sind über fünfzig Jahre alt. Es ist sein letzter Auftritt eines langen Tages, doch er wirkt nicht müde, sondern immer noch kraftvoll.

»Man sagt von euch, dass ihr rückständig seid! Man sagt von euch, dass ihr vom Land keine Ahnung habt!«, ruft er in die versammelte Menge, darunter viele Frauen.

»Aber die Londoner haben für die EU gestimmt, die Landbevölkerung für den Brexit! Die New Yorker haben für Hillary Clinton gestimmt, die Landbevölkerung für Donald Trump! Es sind die Großstädter, die für den Selbstmord ihrer Nationen stimmen, die Landbevölkerung hat ihn verhindert. Deshalb sage ich euch: *Ihr* werdet Italien retten!« Das Volk soll sich zurückholen, was ihm gehört: seine Souveränität.

Der Kampf und die Gläubigen

Pistoia ist eine toskanische Schönheit, die im Schatten des prächtigen Florenz liegt. Touristen kommen nicht allzu viele hierher, und wenn, dann nur für ein, zwei Tage, für einen Spaziergang durch die gut erhaltene Altstadt reicht das allemal. Pistoia hat sich nie allzu sehr um Touristen bemüht, vielleicht aus dem Gefühl heraus, dass es ohnehin mit Florenz nicht konkurrieren kann. Doch man sagt den Bewohnern auch nach, dass sie sich nicht so gerne selbst ausstellen, sondern ihren Geschäften in Ruhe nachgehen wollen. Reisende Literaten, die durch die Stadt gekommen sind, haben sich immer über die Streitsucht ausgelassen, über die Unfähigkeit der Pistoiesi, gemeinschaftlich zusammenzuarbeiten. Der Dichter Gabriele D'Annunzio schrieb, Pistoia sei eine »Stadt der Gramvollen«, aber D'Annunzio war ein nationalistischer, kriegerischer Heißsporn, der Italien zu großen Taten verführen wollte. Ihm konnte diese introvertierte Stadt nicht gefallen, ihre Stille, ihre Schläfrigkeit.

Pistoia hatte viele Jahre lang die höchsten Sparraten Italiens. In seinen besten Zeiten beschäftigte der Eisenbahnbauer Brera bis zu 2000 Arbeiter, dazu kamen viele kleine Zulieferbetriebe. Brera war ein rein italienisches Unternehmen, das erst von Ansaldo, auch einem italienischen Eigentümer, übernommen und im Jahr 2015 schließlich vom japanischen Konzern Hitachi gekauft wurde. Die Zahl der Arbeiter hatte sich bereits dramatisch verringert, die Fabriksirenen prägten nicht mehr den Takt der Stadt, wie es viele Jahre lang der Fall gewesen war. Pistoia ist nicht abgehängt, der Stadt geht es im Vergleich zu anderen in Italien noch recht gut, doch sie hinkt hinterher, auf ihre selbstzufriedene, schleppende Weise. Mag sich die Welt auch noch so schnell drehen, die Menschen hier wollen sich davon nicht beeindrucken lassen – sie bemühen sich jedenfalls darum. Doch das wird immer schwieriger, denn die Welt hat heute kaum mehr Grenzen, und was »da draußen« geschieht, dringt auch bis in den sehr ruhigen Stadtteil Vicofaro vor, bis zu seinem Priester Don Massimo Biancalani.

Es ist Sonntag. Die erste Messe hat Don Massimo um 8:30 Uhr gelesen, jetzt, um 11 Uhr, beginnt seine zweite. Er sitzt in seinem Stuhl, ein riesiger, schwerer Mensch von zwei

Metern, und hört der Lesung aus der Bibel zu, vorgetragen von Frauen im fortgeschrittenen Alter. Ihre Stimmen sind fest und hell. Manchmal scheint es, als würde Don Massimo einnicken, er hat eine arbeitsreiche Woche hinter sich. Die rund 6000 Bewohner Vicofaros haben viele Bedürfnisse. Sie wollen heiraten, sie wollen ihre Kinder taufen, sie wollen sie im Katechismus unterrichten lassen, sie wollen einen Ratschlag oder sich trösten lassen, sie wollen ihre Sünden beichten oder ihr Herz ausschütten. Der Glaube spielt eine große Rolle in ihrem Alltag. Don Massimo kann niemandem die Tür verschließen, er muss für alle ein offenes Ohr haben, zu jeder Stunde des Tages. Es ist eine schöne, eine wichtige, eine erschöpfende Arbeit.

Doch nun ist es Zeit zu predigen, alle Müdigkeit scheint von Don Massimo abgefallen zu sein. Er tritt an die Kanzel und spricht mit Verve über die Pflicht der Christen zur Barmherzigkeit. Mitten in der Predigt schleudert er einen Satz in den Kirchenraum, der einschlägt wie ein Blitz: »Das ist Satan!«

Alle wissen, wen Don Massimo meint: Matteo Salvini. Wenige Tage vor der Predigt, am 12. Juli 2018, hatte das italienische Küstenwachschiff U. Diciotti im sizilianischen Hafen von Trapani angelegt. An Bord der U. Diciotti waren 117 Menschen, die die Besatzung aus dem Meer gefischt hatte, die meisten von ihnen kamen aus Eritrea. Innenminister Salvini verfügte, dass diese Menschen das Schiff so lange nicht verlassen dürften, bis sich europäische Länder bereit erklärten, sie aufzunehmen. Nachdem er Anfang Mai das Amt des Innenministers übernommen hatte, ordnete er an, alle italienischen Häfen für private Schiffe, die Migranten und Flüchtlinge an Bord hatten, zu schließen. Die U. Diciotti war aber kein privates, sondern ein Schiff der Küstenwache. Ein italienischer Minister verbot also einem Schiff des italienischen Staates, Menschen, die es gerettet hatte, in einem italienischen Hafen von Bord gehen zu lassen. Das war absurd, doch Salvini blieb hart, und vielen Italienern gefiel das offenbar. Nachdem er die Schließung der Häfen verfügt hatte, stiegen Salvinis Zustimmungsraten binnen weniger Wochen auf über 30 Prozent. Auch im Fall der U. Diciotti wusste Salvini die Mehrheit der Italiener hinter sich.[48]

Don Massimo kümmert das nicht. Er geißelt in seiner Predigt die Schließung der Häfen, er erwähnt die U. Diciotti in der Predigt und wiederholt: »Das ist Satan!« Seine Stimme füllt den Kirchenraum mühelos. In einer der hinteren Kirchenbänke beugt sich ein älterer Herr nach vorne und flüstert: »Bevor das mit den Migranten begann, war die Kirche voll. Und jetzt?« Er hebt den Finger und lässt ihn möglichst unauffällig einmal um den ganzen Raum kreisen. An die dreißig Leute sitzen hier, die Kirche Santa Maria Maggiore aber fasst mindestens 200.

Die Sache mit den Migranten also. Don Massimo beherbergt in seiner Pfarrei neunzig von ihnen, ausschließlich Afrikaner, zu rund 95 Prozent junge Männer. Die allermeisten sind Muslime, sie stammen aus Nigeria, Mali, dem Senegal, aus Kamerun und Gambia. Sie sind übers Mittelmeer gekommen und vor ein, zwei oder drei Jahren in Süditalien gelandet. Viele sind dann von den Behörden in den Norden geschickt worden, manche nach Vicofaro. Einige standen eines Tages einfach vor der Tür, mit ausgetretenen Schuhen und abgerissenen Kleidern. Sie hatten gehört, dass man bei einem gewissen Don Massimo unterkommen könne. Der Priester nahm sie auf. Was sonst sollte er tun?

Die Migranten leben in einem zweistöckigen Gebäude der Pfarrei, dessen Kern früher ein kleines Kloster war. Sie schlafen auf Matratzen, die auf dem Boden liegen, es gibt zwei Waschräume, eine Küche, und draußen auf dem überdachten Vorplatz steht ein schwer ramponierter Tischfußball. Don Massimo tut sein Bestes, aber seine Mittel sind bescheiden. Manchmal versucht er, den Afrikanern ein wenig Abwechslung zu bieten, so wie im Sommer 2017, als er einige von ihnen in ein nahegelegenes Schwimmbad brachte – der Beginn einer bösen Geschichte, die Don Massimo italienweit bekannt machte. Und in dieser Geschichte spielt Matteo Salvini eine wichtige Rolle.

Die jungen Afrikaner taten das, was junge Leute eben tun, wenn sie im Sommer ins Schwimmbad gehen: tauchen, springen, schwimmen, tollen, spielen. Don Massimo fotografierte die ausgelassenen Szenen und stellte Fotos von dem fröhlichen Nachmittag auf seine Facebook-Seite. Sie hängen jetzt im größten Raum seiner Pfarrei: junge Männer, die fröhlich im Wasser planschen, einer von ihnen streckt dem Fotografen die Zunge entgegen. Nach der Veröffentlichung ergoss sich ein Shitstorm über den Priester. Susanna Ceccardi, die Bürgermeisterin der toskanischen Stadt Cascina, entdeckte das Bild, verbreitete es weiter und empörte sich über die Afrikaner und Massimo Biancalani: »Sie kommen her, um zu arbeiten? Ich sehe nur, dass sie Freizeitaktivitäten nachgehen!«

Ceccardi wird in der Toskana auch »Salvini mit dem Rock« genannt, weil sie so angriffslustig und provokant wie ihr Chef ist. Er schätzt sie. Nach seiner Ernennung zum Minister macht er sie zu seiner direkten Beraterin. Im Alter von 29 Jahren wird Ceccardi überraschend zur Bürgermeisterin von Cascina gewählt, einer seit Jahrzehnten tiefroten Stadt in der Toskana. Kaum ist sie gewählt, gibt sie die Anordnung, ein Lager von Roma zu räumen, dabei lässt sie sich selbst in einem Bagger fotografieren. Das Foto stellt sie auf ihre Facebook-Seite und schreibt darunter: »Mission erfüllt! Das Lager ist geräumt und niedergerissen. Forza Bagger!«

Nach ihrer Kritik an Don Massimo werden sie und der Pastor zu einer Fernsehdebatte eingeladen. Ceccardi sitzt im Studio, Don Massimo ist zugeschaltet, sitzt auf einem Sofa, umgeben von mehreren seiner Schützlinge. Sie sagt: »Ich möchte wissen, wo sie ihre Mütter gelassen haben, ihre Schwestern, wenn sie welche haben, ihre Verlobten, ihre Frauen. Warum sind sie alleine gekommen? Sie kommen aus Kriegsgebieten. Ich möchte wissen, warum sie sie dagelassen haben!«

Don Massimo: »Es ist doch so, dass von einer Familie einer aufbricht. Das ist dann meistens der Mann.«

Ceccardi: »Die machen das also wie unsere Großväter, die emigrierten, um zu arbeiten?«

Don Massimo: »Aber sicher!«

Ceccardi: »Aber die arbeiten doch nicht. Die sind bei Ihnen im Schwimmbad!«

Don Massimo: »Aber das ist doch Blödsinn (...). Sie waren einen Tag im Schwimmbad, den Rest des Jahres arbeiten sie, sie lernen, studieren … Sie machen das, was Zwanzigjährige eben so machen.«

Ceccardi: »Genau, sie widmen sich der Freizeit. Diese Freizeitaktivitäten kosten was. 4 Milliarden geben wir jährlich für die Migranten aus!«[49]

Das war nur der Anfang. Salvini postete das Foto aus dem Schwimmbad auf seinem Twitteraccount und schrieb dazu:

»Das hier ist Priester Biancalani, ein Antilegist, Antifaschist und Antiitaliener, er ist Priester in Pistoia. Kein Fake!« Don Massimo war ins Visier Salvinis geraten. *Il Capitano*, so nennen ihn seine Anhänger, war im Sommer 2017 noch nicht Innenminister, damals regierten noch die Sozialdemokraten. Doch es war schon von vorgezogenen Wahlen die Rede, und Salvini suchte nach Futter für den Wahlkampf. Er fand Don Massimo. Der Priester machte es Salvini auch leicht, denn über das Bild aus dem Schwimmbad hatte er geschrieben: »Sie sind meine Heimat ... nicht die Faschisten und Rassisten!«

Antiitaliener versus Faschist, so lautete plötzlich das Gegensatzpaar. Die Gespenster der Vergangenheit kamen zurück nach Vicofaro. Es gehört zu den verdrängten Wahrheiten der italienischen Geschichte, dass das Land zwischen 1943 und 1945 einen Bürgerkrieg erlebte. Unter der Bleikappe der deutschen Besatzung verfolgten sich die Italiener gegenseitig, sie quälten, folterten und töteten. Erst mit dem Fall der Berliner Mauer, mit dem Ende des Kalten Krieges rückte dieser Bürgerkrieg wieder in das Bewusstsein einer größeren Öffentlichkeit. Davor war er zwar Gegenstand historischer Forschung gewesen, doch eine gesellschaftliche Debatte gab es darüber nicht. Alle Italiener kannten die grausamen Bilder der Leiche Benito Mussolinis, die am 29. April 1945 kopfüber am Dach einer Tankstelle an der zentralen Mailänder Piazzale Loreto aufgehängt worden war. Neben dem Diktator hingen seine langjährige Geliebte Clara Petacci sowie weitere sieben Erschossene. Jahrzehntelang hielt sich die Interpretation der Führung des Comitato di Liberazione Nazionale Alta Italia (CLNAI), der italienischen Partisanen Norditaliens, die die Hinrichtung und die Zurschaustellung der Leichen verfügt hatte. In einem Kommuniqué, das am Abend des 29. April 1945 verbreitet wurde, ließen die Partisanen wissen: »Wir erklären, dass die von uns angeordnete Erschießung Mussolinis und seiner Komplizen den notwendigen Abschluss einer historischen Phase markiert (…). Das italienische Volk könnte kein neues, freies und normales Leben führen – das ihm der Faschismus für zwanzig Jahre lang verweigert hat –, wenn die CLNAI nicht schnell die eiserne Entschlossenheit bewiesen hätte, ein Urteil zu vollstrecken, das die Geschichte bereits gesprochen hat.«[50]

Schluss der Debatte, Neuanfang. Die Bilder des hingerichteten Mussolini kannte man, weniger bekannt war, dass die Leichen der Erschossenen, es waren insgesamt 16, stundenlang auf dem Platz ausgestellt waren, dass eine Menge sich versammelt hatte, dass sie die Leichen getreten, geschlagen, bespuckt, mit Gegenständen beworfen, verunstaltet und auf sie uriniert hatten. Ebenso weitgehend unbekannt war, dass die Partisanen den Piazzale Loreto ausgesucht hatten, weil die nationalsozialistischen Besatzer und ihre faschistischen Verbündeten am 10. Mai 1944 hier 15 Partisanen hingerichtet und den ganzen Tag über zur Abschreckung hatten liegenlassen. Die Partisanen also vergalten Grausamkeit mit Grausamkeit. Es gab jahrzehntelang keine Selbstbefragung über diese blutige Rache, über die Gewalt, die sich Italien zwischen 1943 und 1945 selbst angetan hatte.

Doch Geschichte vergeht nicht. Die Gespenster der Vergangenheit kommen zurück, wenn die Bedingungen sich ändern, wenn die Zeiten günstig sind – und in Vicofaro waren sie günstig. Nachdem Massimo Biancalani von Matteo Salvini über Twitter und Facebook denunziert worden war, meldete sich die rechtsextreme Partei Forza Nuova zu Wort. Forza

Nuova war 1997 gegründet worden und hatte eine gewalttätige Geschichte.

Auch in der seit Jahrzehnten von der Linken regierten Toskana gab es immer Städte und Gemeinden, in denen der Rechtsextremismus niemals verschwunden war, Lucca und Grosseto zum Beispiel. Jahrzehntelang haben die Rechtsextremen hier »überwintert« und sahen jetzt die Gelegenheit, an eine Partei anzudocken, die ihnen einen Weg in die Mitte der Gesellschaft eröffnete: die Lega Nord Matteo Salvinis. Die rechtsextremen Gruppen haben auch der Lega etwas anzubieten: Sie sind in fast allen Landesteilen präsent, wenn auch nicht in großer Zahl, so haben sie doch im Norden wie im Süden des Landes Aktivisten. Sie helfen der Lega bei ihrer Transformation von einer Partei des Nordens in eine italienische, nationalistische Partei. Wo die Lega (noch) nicht präsent ist, da dockt sie bei den Rechtsextremen an und geht eine symbiotische Beziehung ein.

Forza Nuova kündigt nun an, eine Delegation nach Vicofaro zu schicken, um zu prüfen, ob Don Massimo bei der Messe dem katholischen Ritus folge, wie es sich gehöre. An einem Sonntag, dem letzten im August des Jahres 2017, taucht ein Trupp von Männern der Forza Nuova in den ruhigen Gassen des Viertels auf. Eine Reihe lokaler Fernsehteams ist gekommen, schließlich ist es eine Sensation, dass sich Mitglieder einer offen rechtsextremen Bewegung in den Straßen einer Stadt zeigen, die stolz war auf ihre Partisanenvergangenheit und viele Jahrzehnte lang von der Linken regiert wurde. Leonardo Cabras von Forza Nuova sagt vor der Kirche in die Mikrofone der Journalisten: »Unsere Bewegung ist auch vom Katholizismus inspiriert, vor allem aber vom Faschismus, der gefällt uns wirklich sehr gut!« Und auf die Frage, ob denn ihr Auftritt nicht allzu bedrohlich wirke, sagt er: »Wenn es so ist, dann ist das gut. Die Menschen sollen wissen, dass Forza Nuova wachsam ist!«[51] Antifaschistische Demonstranten empfangen sie vor der Kirche mit Pfiffen und Buhrufen, die Präfektur hat Polizisten in Kampfmontur geschickt, um Unruhen vorzubeugen. Plötzlich ist das bescheidene, ruhige Viertel Vicofaro zu einem Kampfplatz geworden, zu einer Bühne für ein Stück, das hier zuletzt in den zwanziger Jahren des 20. Jahrhunderts aufgeführt wurde.

Don Massimo sitzt, während er von diesem faschistischen Aufmarsch berichtet, in einem winzigen, unaufgeräumten Büro im ersten Stock des Nebengebäudes der Pfarrei. Er nennt es »meine Rumpelkammer«. Auch hier ist ihm kaum eine Minute Ruhe gegönnt. Immerzu kommt jemand durch die offene Tür, Don Massimo dies, Don Massimo das. Unter seinen Schützlingen aus Afrika gibt es solche, die schnell Italienisch lernen, und solche, die sich damit schwertun oder es nicht ernst nehmen. Es gibt harte Arbeiter und solche, die es mit der Arbeit nicht so ernst nehmen. Don Massimo möchte die schlichte Botschaft unter die Leute bringen, dass diese jungen Männer die gleichen Wünsche, die gleichen Sorgen, die gleichen Ängste und Hoffnungen haben wie ihre italienischen Altersgenossen. Aber wer hört ihm noch zu? Es ist ihm nicht entgangen, dass ihm seine Gemeinde auf dem Weg, den er beschritten hat, nicht folgen kann. Die Gläubigen protestieren nicht, sie begehren nicht auf, aber sie kommen immer seltener und in geringerer Zahl zu Don Massimo. Normalerweise hat er im Jahr fünfzig Kinder in seinem Katechismusunterricht, 2017 waren nur noch 25 angemeldet.

Die Amtskirche, der Papst vorneweg, wird nicht müde, die harte Migrationspolitik Salvinis zu kritisieren – aber immer weniger Katholiken wollen dem Papst folgen. Die Lega hat die Kirche immer attackiert, sie frönte der quasireligiösen Anbetung Padaniens, die Umberto Bossi selbst manchmal als heidnisch bezeichnete. Für den christlichen Glauben gab es da nicht viel Platz. In den Augen der Lega ist die katholische Hierarchie ohnehin Teil der machtversessenen Elite Italiens. Bossis Attacken gegen die Päpste sind legendär. Hier nur ein paar Beispiele: »Der Vatikan ist der Gegner, den die Grünhemden (Uniform der Legaaktivisten, Anm. d. A.) im Abfluss der Geschichte ertränken werden; die Gläubigen werden in die Kirchen gehen und bei bestimmten Predigten sich erheben und laut schreien: Verschwinde! Verschwinde!«[52] Attacken wie diese stammen aus den achtziger und neunziger Jahren – seitdem haben sich zwei Trends verstärkt: Die Kirche hat an Einfluss verloren, gleichzeitig hat sich innerhalb der Kirche der Konflikt zwischen Liberalen und Konservativen verschärft.

Salvini hat begriffen, dass er auch die gläubigen Italiener gegen den liberalen Teil der Amtskirche in Stellung bringen kann. Er muss nur die Debatte um die Migration verschärfen und zuspitzen. Zum einen sind viele Katholiken nicht mehr fest an die Kirche gebunden – auch Italien hat sich in den letzten Jahrzehnten säkularisiert –, zum anderen machen sich auch viele gläubige Katholiken Sorgen über die massive Zuwanderung, die ja vor allem eine aus islamischen Ländern ist. Diese Katholiken fühlen sich nicht vertreten durch einen Papst, der Gastfreundschaft und Offenheit predigt. In ihrer Verunsicherung suchen sie einen anderen Vertreter, und sie finden ihn in Salvini. Er hält bei öffentlichen Auftritten immer wieder das Kreuz und die Bibel in die Höhe, um sich als Verteidiger des christlichen Abendlandes zu inszenieren – ganz so, wie es der ungarische Ministerpräsident Viktor Orbán seit Jahren mit Erfolg betreibt. Salvini hatte Antworten für die verunsicherten Gläubigen, er brauchte aber Gelegenheiten, sie unter die Menschen zu bringen. Don Massimo Biancalani aus Pistoia gab ihm eine.

An der Außenwand der Pfarrei von Don Massimo hängt ein meterlanges Transparent. »Wir sind gegen Rassismus und Faschismus.« Ein Unterstützungskomitee linker Antifaschisten hat es aufgehängt. Die katholischen Gläubigen, die sonntags in die Kirche gehen wollen, müssen an diesem Transparent vorbei, das stört viele in der Gemeinde. Ihre Kirche, ihre Pfarrei, wirkt auf sie, als hätte sie sich mit der Linken gemeingemacht. Doch in den Augen der meisten hat die Kirche die Aufgabe, sich um das Seelenheil ihrer Gläubigen zu kümmern und sich nicht auf militante Weise in die Politik einzumischen. Don Massimo ist in die Niederungen der Politik geraten, ein bisschen aus Überzeugung, vor allem aber aus Ungeschicklichkeit. Salvini wusste das instinktsicher zu nutzen. Er hat den Priester gleich mit hineingezogen in einen Streit, in dem Don Massimo viele Gläubige verlieren wird.

Eine schöne Stadt, ein schreckliches Verbrechen, ein politisches Erdbeben

Im Sommer 2018 veröffentlicht die italienische Tageszeitung *Il Foglio* eine lange Reportage über das Kulturleben in der umbrischen Stadt Macerata. Der Autor ist voll des Lobes. Im Zentrum seiner Geschichte steht das jährlich stattfindende Opernfestival im Sferisterio, einem außergewöhnlichen Bau. Es ist ein Theater unter freiem Himmel mit der angeblich besten Akustik Italiens. Es wurde 1823 gebaut, allerdings für sportliche Wettkämpfe, vor allem für Ballspiele. Die Zuschauer bekamen hier vor allem die *pallone col bracciale* geboten, eine der ältesten Sportarten Italiens. Dabei spielen die Mannschaften den Ball mit einer langen Manschette aus Holz am Arm. Diese Sportart war im 19. Jahrhundert so populär, dass die besten Spieler davon gut leben konnten. Im Sferisterio lieferten sich die Mannschaften vor ausverkauften Rängen spektakuläre Wettkämpfe. Die *pallone col bracciale* wird heute nur mehr in wenigen Gemeinden Italiens praktiziert, es ist eine so gut wie ausgestorbene Sportart.

Das Sferisterio wurde zum Ort der Musik, und das jährlich im Sommer stattfindende Opernfestival lockt viele tausend Menschen an. Das Meer ist etwas mehr als dreißig Kilometer entfernt, die Touristen, die den Tag am Strand verbracht haben, können Macerata in einer halben Stunde erreichen, zu Abend essen, die Oper genießen und dann zurück in ihre Hotels ans Meer fahren, wo sie am nächsten Morgen wieder baden gehen können. Macerata liegt auf einem Hügel, von dem aus man einen wunderbaren Blick über die umbrische Landschaft hat. Der mittelalterliche Kern der Altstadt ist bestens erhalten, die Gassen, Straßen und Plätze laden zum Promenieren ein. Nicht einmal um Parkplätze müssen sich die Gäste sorgen. Die Gemeinde hat große Parkhäuser errichtet, nur wenige Minuten Fußweg vom Sferisterio entfernt. Sie sind so in den Berg gebaut, dass sie kaum auffallen. Macerata, so das Fazit des Autors von *Il Foglio*, sei eine wunderbare Stadt, einladend, schön, raffiniert.

Luca Traini, schrieb der Autor der Reportage süffisant, hätte das alles doch genießen können, ein Glas Wein auf der Piazza, einen Teller Pasta, einen Spaziergang, einen Besuch in der Oper unter freiem, sternenklarem Himmel und zu alledem noch das Meer in Reichweite, das azurblaue Wasser der Adria wartete doch nur auf ihn. Doch Luca Traini sah das alles nicht, er sah etwas anderes, ein düsteres, ein finsteres Macerata, in dem nigerianische Drogenhändler in den Giardini Armando Diaz, dem Stadtpark, ungestört ihren Geschäften nachgingen. Er sah das Italien der Peripherien, in denen es so gut wie keine Infrastruktur für die Bewohner gibt, keine Geschäfte, keine Restaurants, keine Cafés, keinen Arzt, keine Busverbindung – Orte, die zu reinen Schlafstädten verkommen sind, in denen die Menschen morgens das Haus verlassen – wenn sie Arbeit haben – und abends wieder zurückkehren, um sich dort schnell wieder einzuschließen, weil draußen, im öffentlichen Raum nichts ist außer einer gähnenden Leere. Im Jahr 2017 richtete das italienische Parlament eine Untersuchungskommission über die Lage in den italienischen Peripherien ein, deren Bericht ihre Charakteristika aufgezählt: prekäre Arbeitsverhältnisse, Kriminalität (besonders Drogenhandel), hohe Arbeitslosigkeit, niedrige Schulbildung, Umweltzerstörung, soziale Stigmatisierung. Nach Schätzungen der Kommission leben sieben Millionen Italiener in der Peripherie, nicht nur am Rand der großen

Städte wie Mailand, Turin, Neapel oder Rom. Die Peripherie gibt es auch in kleineren Städten, manchmal nistet sie sich mitten im Zentrum ein, in ein paar Gassen der Altstadt, in einem Park wie dem Armando Diaz in Macerata.

Der 28-jährige Luca Traini hatte keine geregelte Arbeit, mal verdingte er sich auf Baustellen, mal war er Rausschmeißer in Diskotheken. In einem Fitnesscenter von Macerata hatte er sich dafür Muskeln antrainiert. Seit langem schon verkehrte er in rechten Kreisen. Auf seinen kahlrasierten Schädel hatte er sich die Wolfsangel tätowieren lassen, ein nationalsozialistisches Symbol, das in Italien von der neofaschistischen Organisation Terza Posizione verwendet wurde. Terza Posizione, die Dritte Position, verstand sich als eine revolutionäre Bewegung. 1978 gegründet, war sie bis 1982 aktiv. Ihre Mitglieder führten in dieser Zeit eine Reihe von Attentaten und Anschlägen aus. Traini war nach Aussagen der Ermittler eine Zeit lang bei Casa Pound aktiv, ebenfalls einer neofaschistischen Organisation, deren Mitglieder sich als »Faschisten des dritten Jahrtausends« bezeichnen. 2013 kandidierte Traini bei den Gemeinderatswahlen für die Lega Nord in dem 15 000 Einwohner zählenden Ort Corridonia, wenige Kilometer von Macerata entfernt. Er bekam keine einzige Stimme. Die Lega hatte in der Region traditionell keinen Einfluss, sie war ja als Partei des Nordens und für den Norden entstanden.

Umbrien ist ein Teil Mittelitaliens, es gehört traditionell zu den roten Regionen. Sie waren in der Nachkriegszeit mehrheitlich von den linken Parteien regiert worden, zuerst von den Kommunisten und später von den Sozialdemokraten. Die roten Regionen waren eine Art Schaufenster, in der sich die italienischen Kommunisten während des Kalten Krieges ausstellen konnten. Da ihnen die Regierungsmacht in Rom, solange es die Sowjetunion gab, verwehrt geblieben war, wollten sie in den Regionen zeigen, wie ein Italien aussehen könnte, das von ihnen regiert würde. Seht her! Niemand soll sich fürchten müssen! Wir wollen zwar den Kapitalismus irgendwann in der Zukunft überwinden, aber unsere Politik richtet sich auf das Hier und Heute, auf euer aller Wohl! Das war die unausgesprochene Botschaft der Kommunistischen Partei Italiens. Sie erwarb sich in den roten Regionen – in der Emilia-Romagna, in der Toskana, in Marken und in Umbrien – einen guten Ruf. Je näher sie an den Problemen der Menschen war, je mehr sie ihre Alltagsprobleme zu lösen versuchte, desto mehr rückte die Partei von ihren kommunistischen Menschheitsträumen ab. In den roten Regionen sozialdemokratisierte sich die Kommunistische Partei, schon lange bevor sie 1991 die Bezeichnung Kommunismus aus ihrem Parteinamen strich und damit offiziell die Hoffnung aufgab, eine Gesellschaft jenseits des Kapitalismus zu errichten. Die Bewahrung des sozialen Friedens war ein zentraler Wert, an dem sich die Politik in den roten Regionen orientierte. Männer wie Luca Traini waren hier radikale Außenseiter des äußersten rechten Rands der Gesellschaft. Als Einzelperson vielleicht eine Gefahr, aber politisch ohne jedes Gewicht. Das änderte sich nach dem Attentat, Luca Traini brachte die jahrzehntelang stabilen politischen Verhältnisse ins Rutschen – alles geriet durcheinander.

Die Gärten Armando Diaz liegen am Rande der Altstadt, in Hanglage, ein paar Gehminuten vom historischen Zentrum entfernt. Sie wurden 1897 eröffnet, 1998 aufwendig restauriert. Dabei hat sich die Gemeinde viel Mühe gegeben, die Gärten so zu gestalten, dass sich Familien mit Kindern hier wohlfühlen konnten. Sie sind thematisch unterteilt. Es gibt den Garten der Tiere, den Garten des Wassers, den Garten der fünf Sinne und den Garten der Rosen. Auf der Website der Gemeinde steht über die Gärten zu lesen: »Es ist ausdrücklich nicht verboten, die Grasflächen zu betreten.«[53] Diesem Aufruf folgt im nächsten Satz schon die Ermahnung an das Verantwortungsbewusstsein der Menschen: »Die Gärten sind verletzlich und deshalb brauchen sie die besondere Pflege und Aufmerksamkeit der Bürger der Stadt!« Die Gärten sind für Macerata auch deshalb besonders wertvoll, weil sie die einzige größere Grünfläche im Stadtgebiet sind. Für Familien mit Kindern kann es schnell eng werden im mittelalterlichen Macerata. Ohne die Möglichkeit, in den Park zu gehen, kann diese Enge erstickend wirken.

Genau kann es niemand sagen, aber um das Jahr 2012 herum tauchten die ersten Nigerianer auf, die in den Gärten Drogen verkauften. Zuerst waren es wenige, meist waren sie nur abends zu sehen. Doch dann wurden es mehr und sie zeigten sich auch tagsüber. Die Polizei griff nicht durch, die Behörden verschlossen die Augen. Die Familien mit ihren Kindern begannen die Gärten zu meiden, viele Bürger hatten das Gefühl, dass ihnen die Gärten genommen wurden. Sie machten dafür Rom und seine Migrationspolitik verantwortlich. Die sozialdemokratisch geführte Regierung hatte zwischen 2013 und 2014 im Rahmen der Operation Mare Nostrum Kriegsschiffe ins Mittelmeer entsandt, um Menschen, die von der libyschen Küste aufgebrochen und in Seenot geraten waren, aus dem Meer zu retten. Mare Nostrum bewahrte nach Angaben der UN 150 000 Menschen vor dem Ertrinken. Italien bekam für diese Operation viel Lob, aber in der Sache wenig Unterstützung. Die europäischen

Partner applaudierten – und duckten sich weg. Im Lauf der Zeit hatten die Italiener zunehmend den Eindruck, dass sie alleingelassen wurden. Ihre eigene Regierung erschien ihnen überfordert, hinter einer hochtrabenden humanitären Rhetorik verbarg sich Hilflosigkeit. Die Regierung und viele Nichtregierungsorganisationen (NGOs) brachten Migranten und Flüchtlinge zwar an Land, doch danach kümmerten sie sich nicht weiter um sie. Eine umfassend durchdachte, von der öffentlichen Hand getragene und geförderte Integrationspolitik durch die Regierung gab es nicht. An den Rettungsaktionen beteiligten sich auch NGOs aus anderen europäischen Ländern, sie liefen in italienischen Häfen ein, setzten die Geretteten an Land ab und fuhren wieder aufs Meer hinaus, wo sie bald wieder Menschen an Bord nahmen, die sonst ertrunken wären. Bei vielen Italienern entstand der Eindruck, dass die NGOs sich zwar gerne auf das hohe moralische Ross setzten, sich aber um die Folgen ihres Handelns nicht weiter kümmerten. An manchen Wochenenden der Jahre 2013 und 2014 landeten über 10 000 Menschen an den Küsten Italiens. Kein Wunder, dass die Italiener den Eindruck gewannen, dass die Regierung die Kontrolle über die Grenzen des Landes verloren hatte. Das höhlte die Legitimation der Politiker zwangsläufig aus.

Tatsächlich wurden die meisten Menschen, die über das Meer nach Italien kamen, sich selbst überlassen. Sie schlugen sich durch, freilich nicht immer auf legalen Wegen. Viele machten sich nach Norden auf, die Behörden winkten sie durch. Gleichgültige Europäer, eine ratlose Regierung in Rom, desinteressierte Polizei, schlampige Behörden – all das führte dazu, dass nigerianische Drogenhändler in den Gärten von Armando Diaz freie Hand hatten.

Anfang Februar 2017 erreichte diese fatale Entwicklung in Macerata ihren Höhepunkt. Am Stadtrand wurde die Leiche der 18-jährigen Pamela Mastropietro gefunden, zerstückelt und verstaut in zwei Rollkoffern. Die junge Frau stammte aus Rom, war drogenabhängig und in der Nähe von Macerata in einem offenen Therapiezentrum untergebracht gewesen. Die Polizei nahm kurz nach dem Leichenfund einen nigerianischen Drogenhändler namens Innocent Oseghale unter dringendem Tatverdacht fest.

Der 30-Jährige war im Sommer 2014 nach Italien gekommen und hatte einen Asylantrag gestellt. Danach wurde er von der Organisation GUS (Gruppo Umana Solidarietà) übernommen, in deren Vertrag mit dem Innenministerium festgelegt ist, dass sie sich um Unterbringung, Sprachunterricht der Asylbewerber und später auch um Eingliederung der anerkannten Bewerber kümmert. Erst nach seiner Verhaftung schickte die Organisation einen Bericht über Innocent Oseghale an die Gemeinde Macerata. Darin heißt es: »Er hat sich nie besonders an die Regeln und auch nicht an die Auflagen gehalten, die ihm gemacht wurden ... er hat an den angebotenen Aktivitäten so gut wie nicht teilgenommen, insbesondere nicht am Italienischkurs.« Diese Nachricht kam viel zu spät, lange nach dem Tod von Pamela Mastropietro. Doch selbst wenn sie früher gekommen wäre, vermutlich hätte sie niemanden interessiert. Die weitere Karriere Oseghales legt diesen Verdacht nahe. Im Februar 2017 wird er im Park Armando Diaz wegen Drogenhandels verhaftet, worauf er von der GUS ausgeschlossen wird und damit seinen Status als Asylbewerber verliert. Danach geschieht nichts, Oseghale wird einer der rund 600 000 unsichtbaren Migranten, die sich ohne jeden Aufenthaltstitel in Italien befinden. Diese

Zahl beruht auf Schätzungen einer parlamentarischen Untersuchungskommission.[54] Oseghale hat trotz Verhaftung, trotz Verlustes des Aufenthaltstitels keinerlei Probleme, in Macerata zu bleiben. Er mietet sogar eine Wohnung in der Nähe des Parks an. Auch das geht, obwohl er ohne Aufenthaltstitel eigentlich keine Wohnung anmieten darf. Das Geld dafür kann er jedenfalls aufbringen, das dürfte den Vermietern gereicht haben.

Pamela Mastropietro hatte am 29. Januar das Therapiezentrum ohne Erlaubnis verlassen und sich zu Fuß auf den Weg in die nächste Stadt gemacht, nach Macerata. Sie kam dabei durch Corridonia, wo sie ein 50-jähriger italienischer Arbeitsloser auflas. Pamela brauchte Geld und verkaufte ihren Körper für 20 Euro an den Arbeitslosen. Er fuhr mit ihr zu sich nach Hause, benutzte ihren Körper in der Garage und brachte sie anschließend wieder an die Straße, wo er sie zurückließ. Am Tag darauf tauchte sie in Macerata auf. Sie traf Oseghale und ging mit ihm in seine Wohnung. Dort hat er sie nach Erkenntnissen der Ermittler ermordet. Oseghale ist Ende Mai 2019 wegen des Mordes an der jungen Frau zu einer lebenslangen Haft verurteilt worden.[55]

Die Geschichte Oseghales zeigt die Dysfunktionalität des Systems. Weder die Aufnahmeeinrichtung noch die Behörden oder die Polizei haben ihre Arbeit getan. Der Mann schlüpfte ohne Probleme durch alle Maschen und lebte trotzdem für alle sichtbar in der Kleinstadt, in der jeder jeden kennen kann – wenn er denn will. Nach seiner Verhaftung setzte Salvini einen Tweet und einen Eintrag auf seiner Facebook-Seite ab: »Ein nigerianischer Einwanderer, mit abgelaufener Aufenthaltserlaubnis, Drogenhändler … Was hat dieser WURM noch in Italien zu suchen? Er ist nicht vor einem Krieg geflüchtet, er hat den Krieg nach Italien gebracht ... Abschiebungen, Abschiebungen, Kontrollen und nochmal Abschiebungen!«[56]

Vier Tage später hält Luca Traini mit seinem Alfa Romeo 147 an einer Tankstelle auf der Staatsstraße 77. Dort trinkt er einen Kaffee und sagt zu dem Barmann:»Heute fahre ich nach Macerata und richte ein Massaker an.« Man kennt ihn in der Gegend, nimmt ihn aber nicht ernst. Doch es ist ihm ernst. Er ist ganz in Schwarz gekleidet, in seinem Auto liegen eine Tasche mit einer Pistole der Marke Glock und fünfzig Schuss Munition. Als er in Macerata ankommt, öffnet er das Wagenfenster und schießt mit der Rechten auf Schwarzafrikaner, während er mit dem Linken das Auto steuert. Die ersten Schüsse feuert er um 10:45 Uhr ab, knapp zwei Stunden später wird er verhaftet. In der Zwischenzeit fährt er durch die Stadt, als wäre es eine Spazierfahrt, und schießt um sich. Schließlich hält Traini am Denkmal auf dem Siegesplatz in Macerata, das an das Ende des Ersten Weltkriegs erinnert. Er steigt aus seinem Wagen, geht die Treppen zum Denkmal hoch, hüllt sich in eine Trikolore und lässt sich widerstandslos festnehmen. Dabei ruft er »Viva L'Italia!« und »Italien den Italienern!«.

Traini hat insgesamt sechs Schwarzafrikaner verletzt, fünf Männer und eine Frau, keinen davon schwer. Bei seiner ersten Vernehmung sagt er, er habe die 18-jährige Pamela Mastropietro rächen wollen, die Familie der Toten distanziert sich später ausdrücklich davon. Keiner der Angeschossenen steht in irgendeiner Verbindung mit Oseghale. Der damalige sozialdemokratische Innenminister Marco Minniti fährt sofort nach Macerata, um sich ein Bild von der Lage zu machen, besucht die Verletzten im Krankenhaus aber nicht, auch kein anderer. Vier Tage später aber kam der Justizminister, allerdings ohne Fernsehkameras. Offenbar waren sie der Meinung, dass ihnen Fotos, die sie mit den verletzten Schwarzafrikanern zeigen, nur schaden würden. Keine Geste der Solidarität, aus Angst vor dem Wähler.

Salvinis Tweet zum Fall Pamela Mastropietro trug der Lega den Vorwurf des Rassismus ein. Der prominente italienische Schriftsteller Roberto Saviano bezeichnete den Innenminister öffentlich sogar als »Drahtzieher« des Attentats. Saviano und Salvini sind ein Paar, in dem sich die Polarisierung der italienischen Gesellschaft idealtypisch widerspiegelt. Die beiden »bekämpfen« sich schon seit Jahren. Saviano ist der Autor des Weltbestsellers »Gomorrha«, der sich mit der neapolitanischen Mafia auseinandersetzt. Nach Erscheinen des Buches 2006 erhielt er Todesdrohungen, und die Regierung stellt ihm seither eine Leibwache zur Seite. Saviano warf Salvini wiederholt vor, Rassismus und Rechtsextremismus hoffähig zu machen. Der Innenminister seinerseits machte sich über den Schriftsteller lustig und drohte, er würde ihm die Leibwache entziehen, sobald er an der Regierung sei. Als Salvini im März 2017 mit seiner Lega Nord auf 17 Prozent kam, postete er einen Beitrag auf Facebook, in dem er lächelnd ein Glas erhob und folgenden Toast ausgab: »Ein Prost von meiner und eurer Seite auf Saviano (…) Küsse und Umarmungen!« Saviano ließ das nicht unbeantwortet und warf Salvini Mafiamethoden vor. So ging das zwischen den beiden hin und her – Macerata war nur ein weiterer Anlass, diese Fehde fortzusetzen. Doch all die schweren Vorwürfe Savianos schwächten Salvini nicht. Im Gegenteil, sie trugen zur Radikalisierung der Debatte bei, wovon Salvini mehr als jeder andere profitierte, wie sich bald zeigen sollte.

Macerata beweist auch, dass der Streit um die Migration keiner ist, der sich in ein Links-rechts-Schema pressen lässt. Romano Carancini, Bürgermeister von Macerata, ist ein Sozialdemokrat, der aus bescheidenen Verhältnissen stammt. Sein Vater war ein Müllmann der Gemeinde, er selbst hat sich sein Jurastudium durch das Fußballspielen in der vierten Liga verdient. Carancini weiß, wie schwer es sein kann, nach oben zu kommen. Er empfängt mich in seinem Büro, von dem aus man einen wunderbaren Blick über die Dächer der Altstadt hat. Carancini hat seine Stadt immer gegen den Vorwurf verteidigt, seine Bewohner seien Rassisten. Gleichzeitig leugnet er nicht, dass es »bei vielen Leuten ein Unbehagen« gibt. »Ich selbst bin tolerant, aber auch ich fühle mich von den Drogenhändlern belästigt, auch von denen, die betteln. Der Tod Pamelas hat jene, die schon an der Grenze zum Faschismus waren, noch einmal radikalisiert. Aber die Aufnahme von Flüchtlingen muss sich ändern: Die Migranten und Flüchtlinge, die keine Anerkennung bekommen, dürfen nicht mehr frei herumlaufen, sie müssen an einen Ort gebracht werden, bis sie abgeschoben werden.«[57] Es ist nicht der Gegensatz zwischen links und rechts, der aufgelöst werden muss, es geht stattdessen um eine bessere Steuerung, ein besseres Management der Migration, es geht um einen Staat, der seine Aufgaben gegenüber dem Bürger erfüllt.

In der Stadt des Bürgermeisters Carancini lässt es sich, wie der Reporter von *Il foglio* treffend beschreibt, gut leben. Wenn es Unzufriedenheit in der Gegend gibt, dann am ehesten mit der Regierung in Rom und mit der Europäischen Union. Die nigerianischen Drogenhändler im Park Armando Diaz wurden zum Symbol für eine fehlgeleitete Migrationspolitik.

Doch es gab noch eine Reihe anderer internationaler Entwicklungen, die diese ruhige italienische Provinz aufwühlten. Die Europäische Union hatte 2014 wegen der Annexion der Krim Sanktionen gegen Russland erlassen, was in Umbrien wirtschaftliche Einbußen zur Folge hatte. Schuhfabriken der Region haben sich auf exklusive und sehr teure Anfertigungen spezialisiert, man exportierte jährlich 400 000 Paar Schuhe nach Russland. Viele Unternehmen litten ohnehin noch unter den Folgen der Finanz- und Eurokrise, die den gesamten Kontinent 2008 erfasst hatte. Europa erschien hier vielen nicht nur fern, sondern zunehmend dysfunktional, wenn nicht sogar feindselig.

Das lieferte Salvini willkommene Munition für ungehemmte Attacken gegen die Europäische Union und gegen die Migrationspolitik. Bei den Wahlen im März 2018 strich er den Lohn dafür ein. Seine Lega erreichte in Macerata über 21 Prozent – bei den letzten landesweiten Wahlen im Jahr 2013 war sie nur auf 0,6 Prozent gekommen –, ein erdrutschartiger Sieg, doch es war einer, der sich schon lange angekündigt hatte. Die Lega von Matteo Salvini hatte ab 2015 in fast allen Peripherien Italiens zugelegt, Schritt für Schritt arbeitete sie sich in die Gegenden vor, die für viele Jahrzehnte Hochburgen der Linken waren. Die Wahlergebnisse sprechen eine deutliche Sprache, in den vier »roten« Regionen Italiens – Umbrien, Emilia Romagna, Toskana und Marken – haben die linken Parteien Jahr für Jahr verloren. 1968 hatten sie noch knapp 60 Prozent der Stimmen, 2018 lagen sie bei knapp 20 Prozent – 30 Prozent der Wähler hatten sich von ihren Bindungen an traditionelle Parteien gelöst. Männer wie Matteo Salvini machten ihnen ein Angebot. Die Zahlen zeigen auch, dass die Linken nur mehr in den historischen

Zentren des Landes die Mehrheit haben, sie sind zur Partei der Fußgängerzonen geworden.[58] Jeder, der in Macerata in der Wahlkabine sein Kreuz bei der Lega machte, wusste, dass Traini einmal deren Kandidat war, und kannte aller Wahrscheinlichkeit nach Salvinis aufwieglerischen Tweet, kannte seine Botschaft: Es gibt uns, und es gibt die anderen. Jeder, der die Lega wählte, wusste auch um den Internationalismus der Linken, die immer bereit ist, gegen Drogenkartelle in Lateinamerika zu kämpfen, aber den Drogenhändler vor der eigenen Haustür nicht sieht.

Geländegewinne im Süden

Die Stadt Foggia liegt inmitten der Tavoliere, der großen süditalienischen Ebene, die viele Jahrhunderte lang als Weideland diente und ab Beginn des 20. Jahrhunderts immer mehr für den Anbau von Gemüse genutzt wurde, vor allem von Tomaten – das rote Gold, wie es genannt wird. Über 30 Prozent der italienischen Tomatenernte werden in der Tavoliere eingefahren, rund 22 Millionen Tonnen im Jahr. Italien ist einer der größten Tomatenexporteure der Welt. Die rote Frucht wird von Hand geerntet. Von den Straßen aus, die die Tavoliere durchkreuzen, als wären sie mit dem Lineal gezogen, sind die Erntearbeiter immer zu sehen. In dieser scheinbar endlosen flachen Landschaft, über der sich ein hoher, gleißend heller Himmel spannt, bewegen sie sich langsam fort, Schritt für Schritt, den Rücken gebeugt, das Gesicht zur Erde gerichtet. Sie pflücken die Tomaten von Sträuchern, während ihnen die Sonne auf Kopf und Rücken brennt. Die Erntehelfer auf den süditalienischen Feldern sind nur Schwarzafrikaner, Tausende schuften in der Tavoliere. Die seit den neunziger Jahren fortdauernde Migration aus Afrika sorgt für ein konstantes Angebot an billigen Arbeitskräften, die hier unter harten Bedingungen schnell verschlissen werden. Von den 843 000 Arbeitern in der italienischen Landwirtschaft sind fast die Hälfte, nämlich 405 000, Ausländer, der Großteil davon Osteuropäer. Nach dem Fall der Mauer kamen vor allem Rumänen und Polen nach Süditalien. Mehr als 50 Prozent aller Arbeiter haben keinen Vertrag. Auf den Feldern des Südens allerdings arbeiten fast nur Schwarzafrikaner.

Frühmorgens sieht man die Erntehelfer in der Tavoliere auf Rädern über Feldwege rumpeln, spätnachmittags mühen sie sich über die glühend heiße Ebene zurück in ihre Unterkünfte, die weit weg von Städten und Ortschaften verloren mitten in der Ebene liegen. Andere Arbeiter werden mit Minivans auf die Felder gebracht. Bis auf den letzten Platz gefüllt, rasen sie mit halsbrecherischer Geschwindigkeit über die Straßen. Im August 2018 kamen binnen weniger Tage 16 Saisonarbeiter bei zwei Autounfällen ums Leben. Zeit ist Geld. Das Kalkül ist simpel. Gewonnene Zeit ist gewonnenes Geld: Verlorene Zeit ist verlorenes Geld.

In der Tavoliere sind in den letzten Jahren Barackensiedlungen entstanden; ohne fließendes Wasser, ohne Kanalisation, ohne jede Infrastruktur sind es regelrechte Slums. Wenige Kilometer von Foggia entfernt liegt die größte Siedlung, Grande Ghetto wird sie genannt, hier leben bis zu 1500 schwarzafrikanische Erntehelfer unter erbärmlichen Bedingungen. Der Slum liegt neben einem Flugfeld des Militärs, wo sich ein Aufnahmelager für Asylsuchende befindet. Das ist nicht ohne Ironie, denn viele der Insassen sehen durch den Zaun hindurch ihre Zukunft. Wird ihr Antrag abgelehnt, müssen sie das Lager verlassen und sich selbst durchschlagen. Auf sie warten die Tomatenfelder und der Slum. Und wer einmal hier gelandet ist, der befindet sich in einem Höllenkreislauf, aus dem er kaum mehr herauskommt.

Die Arbeiter werden nach allen Regeln der Kunst ausgebeutet. Für die schrottreifen Fahrräder, mit denen sie auf die Felder rumpeln, zahlen sie zwischen 30 und 50 Euro. Das ist eine Investition, die sich bald ausgezahlt hat; wenn sie einen Van in Anspruch nehmen, um von ihrem Lager auf die Felder zu kommen, müssen sie für die Hin- und Rückfahrt 5 Euro bezahlen. Das ist sehr viel Geld für die Arbeiter, die im Akkord schuften. Pro Kiste, das sind 350 Kilo, bekommen sie zwischen 2,50 und 3,50 Euro. Ein Erntehelfer schafft im besten Fall sechs Kisten am Tag. Das entspricht einem Tageseinkommen von 15 bis 21 Euro, abzüglich der Spesen, des Minivans, Essen und Wasser. Außerdem müssen sie ihrem Vorarbeiter in der Regel 0,50 Euro pro Kiste bezahlen. Der Vorarbeiter wird *Caporale* genannt, denn er ist weniger Vorarbeiter denn Kommandant und hält den Kontakt zu den Landbesitzern. Da die Tomate eine empfindliche, wetterabhängige Pflanze ist, brauchen die Landbesitzer bei der Ernte höchste Flexibilität. Die *Caporali* bieten das an. Sie setzen ihre Erntehelfer mal hier, mal dort ein, wie schnelle Einsatztruppen – die Schwarzafrikaner sind ihnen vollkommen ausgeliefert.

Ausgerechnet hier, in der Tavoliere, auf den Feldern der modernen Ausbeutung, wurde im Jahr 1892 der legendäre italienische Gewerkschaftsführer Giuseppe Di Vittorio geboren. Er kam in der kleinen Stadt Cerignola, vierzig Kilometer südlich von Foggia, zu Welt. Sein Leben war geprägt vom Kampf für die Rechte der Landarbeiter. Di Vittorio bezahlte bitter für sein Engagement. 1914 entzog er sich der Verhaftung und floh in die Schweiz, 1915 kehrte er nach Italien zurück und ging als Soldat an die Front, 1936 schloss er sich den Internationalen Brigaden in Spanien an, die gegen Franco und seine faschistischen Verbündeten kämpften. 1943 warfen ihn die Faschisten in das Gefängnis auf der Insel Ventotene, wo auch der große italienische Europäer Altiero Spinelli einsaß. Nach dem Krieg wurde Di Vittorio über die Listen der Kommunistischen Partei Italiens ins Parlament gewählt. Als er 1957 starb, kamen 200 000 Menschen zu seinem Begräbnis nach Rom, viele davon nahmen die beschwerliche Reise aus dem Süden des Landes auf sich, um Abschied zu nehmen. Der beim Begräbnis anwesende Schriftsteller Pier Pasolini schrieb: »Die Stadt steht still – ich fühle mich ganz leer, als wäre ich ohne Herz, alles ist Erwartung. Und dann füllt sich über die Augen doch mein Herz. Ich habe noch nie solche Menschen in Rom gesehen. Mir scheint, als sei ich in einer ganz anderen Stadt!«[59] Berühmt geworden ist eine Antwort, die Di Vittorio auf die spöttisch gemeinte Frage eines Abgeordneten, was denn die Gewerkschaft den Landarbeitern des Südens gebracht habe, gegeben haben soll: »Wenn sie an einem Herrn vorbeigehen, müssen sie nicht mehr den Hut ziehen. Denn ihr seid gleich wie alle anderen.«[60] Es ging ihm um die Würde des Einzelnen, um sein Recht, als Gleicher unter Gleichen aufrecht durch die Welt gehen zu können.

Doch das ist alles lange her, vergessen und vorbei. Die Gewerkschaftsbewegung ist heute viel schwächer, seit Anfang der achtziger Jahre des 20. Jahrhunderts sind Gesetze zum Schutz der Arbeiter nach und nach aufgeweicht worden. Die Preise für saisonale landwirtschaftliche Produkte werden von den großen Supermarktketten diktiert. Die Produzenten müssen sich den Forderungen ihrer Abnehmer nach immer billigeren Produkten beugen. Der Preisdruck wird von den Landbesitzern an die Arbeiter weitergegeben. Sie stehen am untersten Ende der Nahrungskette, besonders die Ausländer unter ihnen, heute sind das vor allem Schwarzafrikaner.

Die Italiener selbst kennen das alles aus eigener Erfahrung. Migration ist in das Leben der italienischen Nation eingeschrieben, es ist Teil ihrer Geschichte und ihrer Gegenwart. Viele Millionen Italiener haben im Laufe des 19. und 20. Jahrhunderts ihre Heimat verlassen, zuerst nach Übersee, nach Nord- und Südamerika, nach 1945 in nordeuropäische Länder – hinzu kam die Binnenmigration von Süden nach Norden. Rund 300 000 Italiener verließen in den ersten Jahren nach Ende des Zweiten Weltkriegs Italien, im Jahr 2017 wurden diese Rekordzahlen annähernd wieder erreicht.

Joseph Splendido ist Kind eines italienischen Migranten. Er ist ein quicklebendiger, freundlicher Mann in seinen Fünfzigern, der gerne über das Leben seiner Familie spricht. »Mein Vater war zuerst fünf Jahre in Argentinien, dann 25 Jahre lang in Frankreich, ein Maurer, ein harter Arbeiter.«[61] Die Geschichte der Familie Splendido, den Aufstieg des Sohnes aus einem Leben mit vielen Entbehrungen, hat Joseph von einem lokalen Kunstmaler auf Leinwand bannen lassen. Man sieht im Vordergrund einen knienden Mann, der eine Ziegelmauer errichtet und verspachtelt, im Hintergrund, wesentlich kleiner, eine Frau mit Küchenschürze, die vor einer offenen Haustür steht, zwischen den beiden, im Bild groß und zentral platziert, ein jüngerer Mann mit Anzug und Brille. Vater, Mutter, Sohn. Aus dem kleinen Joseph ist etwas geworden, ein Anwalt, ein Intellektueller. So sieht er sich selbst, so präsentiert er sich. Er ist den Entbehrungen eines Migranten entkommen. »Ich bin in Frankreich geboren und aufgewachsen«, sagt Joseph Splendido, »ich habe Rassismus am eigenen Leib erlebt! Ich weiß, wie hart das Leben sein kann. Also bitte, ich weiß, wovon ich rede.«[62]

Splendido ist ein *meridionale*, und er tut für einen solchen etwas auf den ersten Blick ziemlich Ungewöhnliches: Er setzte sich im Wahlkampf 2018 für Matteo Salvini ein, dessen Partei seinesgleichen als Stinktiere, Parasiten, Mafiosi, Faulenzer und Blutsauger beschimpfte. Salvini etwa intonierte 2009 auf dem jährlich stattfindenden Volksfest der Lega Nord im lombardischen Pontida die unter seinen Anhängern populäre Liedzeile »Riech, welch Gestank, sogar die Hunde hauen ab, es kommen die Neapolitaner«. Joseph Splendido kennt diese und viele andere Schmähungen; aber bitte, sagt er, es handle sich dabei nicht um Rassismus, es sei nicht einmal böse gemeint gewesen. Salvini, ein Rassist? Nie im Leben! Und überhaupt sei das alles schon lange her. Jetzt gehe es doch um etwas anderes, sagt Splendido. Jetzt gehe es um die anderen, die kommen, um die Schwarzafrikaner, um die vielen Tausenden, die ungehindert über die Grenze kämen. Natürlich, sie arbeiteten auf den Feldern, aber sie böten ihre Arbeitskraft so billig an, dass die Italiener keine Chance hätten. Salvini habe das ganz richtig erkannt: »Wenn ihr anständige Löhne zahlt, dann werden auch die Italiener wieder diese Arbeit machen!« Salvini habe einfach vollkommen recht, darüber müsse man eigentlich gar nicht diskutieren, sagt Joseph Splendido und lädt zum Kaffee ein. Was er nicht sagt: Bei anständigen Löhnen würde das Tomatenmark in den Regalen der Supermarktketten auch nicht so billig sein.

Splendido fährt in diesen Wochen quer durch Apulien, um Anhänger für die Lega zu gewinnen. Wie in anderen Teilen Italiens kann diese sich auch hier auf die historischen nationalistischen Kräfte stützen, insbesondere auf die Nachfolgeparteien des italienischen Faschismus. Joseph Splendido jedenfalls möchte, daraus macht er kein Geheimnis, in der Politik Karriere machen, er traut sich gewiss einen Sitz im Parlament zu. Salvini sei nun einmal der richtige Mann, auch hier im Süden werde er zunehmend geliebt. Splendido ist sich da ganz sicher, und er dürfte damit richtigliegen. Denn auch im Süden hat sich in der Mitte des politischen Spektrums eine Lücke aufgetan, nachdem Forza Italia schwächer geworden ist und ihr Chef, Silvio Berlusconi, zwar immer noch mächtig, aber über achtzig Jahre alt ist. Das Vakuum muss gefüllt werden.

Im August 2018 kommt Salvini in die knapp 7000 Einwohner zählende Stadt Lesina. Sie liegt 60 Kilometer von Foggia entfernt an der Adriaküste. Im Sommer kommen viele Touristen hierher, vor allem Italiener. Die Lega erhielt in der Stadt bei den Parlamentswahlen vom März 2017 352 Stimmen, das entspricht 12,03 Prozent. Das ist auf den ersten Blick nicht viel, aber bis vor wenigen Jahren noch galt einer wie Salvini als nicht wählbar. Als er nach Lesina kommt, ist er seit knapp drei Monaten Innenminister und eine Attraktion. Tausende füllen den zentralen Platz Lesinas, sämtliche Einwohner scheinen gekommen zu sein und etliche Touristen noch dazu. Salvini redet so wie immer, über betrügerische Migranten, über diebische Politiker, über die verbrecherische Mafia, über die heuchlerische Presse und über die Millionen hart arbeitenden kleinen Leute, die mit ihren mickrigen Löhnen nicht mehr über die Runden kämen, über Rentner, die verarmen, über Jugendliche, die keine Arbeit fänden und auswanderten. Es gibt in Lesina viel Applaus für den Redner.

Salvini ist in diese Kleinstadt gekommen, um ein Parteibüro einzuweihen, eines von mehreren, die in der letzten Zeit im Süden Italiens eröffnet wurden. Joseph Splendido ist einer jener Männer, die die harte Arbeit übernommen haben, eine Infrastruktur aufzubauen. Parteibüro, das klingt wie ein Anachronismus. Wer eröffnet in Zeiten des Internets denn noch Büros? Sind die Volksparteien und ihre Basisstrukturen nicht ein Phänomen der Vergangenheit?

Die mit Abstand erfolgreichste Partei Italiens der letzten Jahre ist die M5S. Sie ist de facto im Internet entstanden und kennt bis heute keine traditionellen Parteistrukturen. Für Silvio Berlusconi war das Fernsehen das entscheidende Instrument zum Machtgewinn und zur Machterhaltung. Wahlkämpfe fanden im Fernsehen statt. Berlusconis Partei Forza Italia hatte zwar Parteibüros, aber mehr als Werbeplattformen ihres Herrn und Meisters waren sie nicht. Die Sozialdemokraten schlossen in den letzten Jahren ein Parteibüro nach dem anderen. Aus Geldmangel, aus Mangel an Personal, aus Mangel an Überzeugung. Und Salvini fährt nach Lesina und eröffnet ein Parteibüro. Wieder stößt er in eine Lücke vor, sammelt die Trümmer ein, die die anderen Parteien hinterlassen haben. Auf dem Platz von Lesina sagt er: »Politik heißt für mich, dass man sich unter die Leute mischt, dass man da ist, dass man ihnen zuhört.«[63] Seine Partei war ihrem Selbstbild nach immer »bei den Leuten«. Salvini erinnert gerne daran, wie er als junger Mann nachts in den Vororten seiner Heimatstadt Mailand herumfuhr, um Plakate zu kleben. Das Territorium abstecken, Markierungen setzen, das Feld beackern. Der Geruch nach Kleister an den Händen war für das Ansehen in der Partei wichtiger als die Kenntnisse politischer Literatur. Ihre Anhänger, die Leghisti, waren geradezu stolz darauf, dass sie nichts lasen. Ihr Wissen eigneten sie sich auf der Straße an. Eine Partei des Volkes, die so spricht wie das Volk, so handelt und so denkt. Einfach und direkt.

Das freilich war auch immer ein Stück Propaganda, denn die Lega hat über die Jahre auf allen Ebenen Regierungsverantwortung übernommen, in Gemeinden, Regionen und in der Zentralregierung. Ihre sprichwörtliche Grobheit gehört auch zu ihrer Folklore, Zirkus für die Massen. Durch die ungeheuer beschleunigte Globalisierung bekam *il territorio*, die Heimat, eine andere Bedeutung. Die Provinz entpuppte sich als Trutzburg, in der ein Feuer brannte, um das sich die bedrängten Stammesmitglieder sammeln konnten. Hier konnten sie so sein, wie sie wirklich waren, unverstellt, offen, ehrlich. Hier durften sie auch stolz darauf sein, nichts zu wissen. Salvini sagt über sich selbst: »Ich gehe nicht ins Fitnesscenter, und wenn ich ein Hörnchen mit Cremefüllung sehe, dann esse ich es!«[64] Ihr müsst nicht schön sein, ihr müsst nicht fünf Sprachen sprechen, ihr müsst nicht die Welt bereist haben, es reicht, wenn ihr einer von uns seid. Die implizite Botschaft der Politiker vom Schlage Salvinis: Die Eliten haben euch verlassen! Sie machen Karriere in Brüssel, in Paris, in New York, in Berlin! Wir aber gehen nicht weg! Wir bleiben bei euch! Darauf beruht der Erfolg der Rechtspopulisten zu einem guten Teil: Sie behaupten, sie blieben bei den Menschen, bei ihren Leuten.

Je schneller sich das Rad der Globalisierung drehte, desto größer wurde auch in Italien das Bedürfnis vieler Menschen, sich festzuhalten, an ihrer Heimat, an etwas, das man berühren, riechen und spüren konnte – die Lega war und ist eine sehr körperliche Partei. Salvini riecht nach Schweiß, er will nach Schweiß riechen, das ist Teil seines politischen Programms. »Da gibt es Leute«, sagt er in Lesina, »die sich darüber aufregen, dass ein Innenminister in kurzen Hosen herumläuft. Das werden die Journalisten wieder schreiben und sich empören: ein Innenminister mit kurzen Hosen! … Ich kann nur sagen, ich habe genügend Politiker mit Krawatte und Anzug gesehen, die uns betrogen haben!«[65] Tosender Applaus.

Anfang September 2018 zeigt eine Aufnahme, wie Salvini durch die Gassen der Stadt Viterbo schreitet, links und rechts der Straßen stehen die Menschen Spalier, sie rufen seinen Namen, sie applaudieren, sie strecken ihm die Hände entgegen. Er schüttelt sie und geht eilig weiter, immer tiefer hinein in die Altstadt, die regelrecht vibriert, so sehr ist sie erfüllt von der freudigen Erwartung. Jemand reicht Salvini eine Wasserflasche wie einem Marathonläufer, auf dem Rücken seines weißen Hemdes zeichnen sich große Schweißflecken ab. Als er auf dem Platz ankommt, trifft er auf eine riesige Menschenmenge, die in Jubel ausbricht, als sie ihn sieht. Er wird umringt, umarmt, berührt. Es ist eine körperliche Vereinigung.

Salvini ist immerzu unter Leuten. Er reist unermüdlich durch Italien, er taucht an den entferntesten Ecken des Landes auf, hält Reden auf Straßen und Marktplätzen, er ist auch als Minister im Dauerwahlkampf. Die Menschen stehen Schlange, um ein Selfie mit ihm zu bekommen. Er enttäuscht niemanden. Inzwischen dürfte es Zehntausende Italiener geben, die ein Selfie mit ihm auf ihrem Mobiltelefon gespeichert und verbreitet haben. Salvini ist geduldig und er ist omnipräsent – wer ihn nicht persönlich berühren kann, zu dem kommt er über die sozialen Medien ins Haus, über Twitter, Facebook und Instagram. Salvini bespielt all diese Plattformen, dauernd, und er tut es hervorragend. Seine Liveschaltungen auf Facebook sind von unheilvoller Meisterschaft. Zwei Tage nachdem er bei den Trauerfeierlichkeiten für die Opfer der Brücke von Genua mit großem Applaus empfangen worden war, meldet er sich aus seinem Ferienort in den Trentiner Bergen. »Wir haben uns jetzt schon eine Weile nicht gehört«, sagt er, dann taucht seine fünfjährige Tochter an seiner Seite auf, er legt den Arm um sie und sagt: »Was ist los, meine Liebe? Ich bin doch bei der Arbeit, meine Kleine ... ach so ... na los, geh schon, ich muss noch ein bisschen arbeiten, ich komme gleich!« Dann schickt er sie weg. Sofort hat er zu seinen mehr als drei Millionen Followern eine familiäre Nähe hergestellt. Dann erstattet er über zwanzig Minuten lang Bericht über seine Arbeit als Minister, denn »ihr bezahlt mich, nur euch gegenüber bin ich verantwortlich«. Und er streut gezielt Gemeinheiten über seine Gegner. Über die italienische Schauspielerin Asia Argento, die zu seinen Kritikern gehört. Argento ist eine der Frauen, die die Affäre um den amerikanischen Filmproduzenten Harvey Weinstein losgetreten haben, die aber just in jenen Tagen selbst von einem jungen Mann der sexuellen Belästigung bezichtigt wurde. »Ich grüße euch und grüße auch Asia Argento, der ich eine ruhige, nicht allzu bewegte Nacht wünsche.«[66] Die Häme in der virtuellen Pizzeria der Lega-Anhänger und -Sympathisanten war deutlich zu spüren.

Radikalisierung im Netz
Der Erfolg der Fünf-Sterne-Bewegung

»Gianroberto, wir haben gewonnen! Was machen wir jetzt?«
Beppe Grillo, am Tag nach dem Wahlsieg bei den Parlaments-
wahlen am 25. Februar 2013[67]

Es ist der 11. Juni 1984, ein warmer sonniger Tag in Rom. Aus allen Himmelsrichtungen strömen Menschen auf die Piazza San Giovanni in Laterano. Nach Angaben der Behörden sind es eine Million. Auf Luftaufnahmen ist zu sehen, wie sich die Massen in den Seitenstraßen der riesigen Piazza stauen. Die Menschen drängen nach vorne, um den Sarg des Mannes zu sehen, von dem sie sich verabschieden wollen: Enrico Berlinguer, Vorsitzender der Kommunistischen Partei Italiens. Der 62-Jährige war eine Woche zuvor, mitten in einer Wahlkampfrede, zusammengebrochen. Er hatte einen Hirnschlag erlitten. Wenige Tage später starb er im Krankenhaus. »Enrico, Enrico, Enrico!«, rufen Hunderttausende Menschen. »Enrico, Enrico!« Dann brandet Applaus auf, der wie eine Welle über den Platz rollt.

Es ist Samstag, 23. Februar 2013, ein kühler Winterabend in Rom. Die Piazza San Giovanni in Laterano liegt im kalten

Flutlicht, das von einer aufgebauten Bühne strahlt. Aus riesigen Boxen schallt ein Lied des italienischen Hip-Hoppers Federico Nano, genannt Supa.

> Wir sind keine Partei, wir sind keine Kaste,
> Wir sind Bürger, Punkt und basta!
> Jeder ist gleich viel wert
> Jeder ist gleich viel wert
> Jeder ist gleich viel wert
> Wir sind keine Partei, wir sind keine Kaste,
> Wir sind Bürger, Punkt und basta!

Nach Angaben der Veranstalter haben sich 100 000 Menschen auf der Piazza San Giovanni versammelt, die Polizei spricht von 40 000. Sie sind gekommen, um das Ende der »Tsunami Tour« zu feiern. 77 solcher Wahlkampfveranstaltungen hat es im Laufe der letzten Monate in Italien gegeben, in großen und in kleinen Städten, im Norden wie im Süden des Landes. In allen Landesteilen kamen sie, um den Komiker Beppe Grillo zu sehen, den Chef der Partei M5S, der Fünf-Sterne-Bewegung. Es sind jetzt nur noch ein paar Stunden bis zur Öffnung der Wahllokale. Für die M5S ist es eine Premiere, es ist die erste Parlamentswahl, an der die Partei teilnimmt. Die Umfragewerte sind gut, die Stimmung auf der Piazza blendend. »Beppe! Beppe! Beppe!«, rufen die Menschen, sie drängen nach vorne, viele stehen schon auf der Bühne. Es geht ziemlich chaotisch zu. Als Beppe Grillo schließlich erscheint und sich einen Weg durch die Menge bahnt, bricht Jubel aus. »Beppe! Beppe! Beppe!«

Das eine war ein Begräbnis, das andere eine Wahlkampfveranstaltung, beim einen herrschte Trauer, beim anderen Jubel, zwei Ereignisse ganz unterschiedlichen Charakters.

Doch in ihnen spiegelt sich wider, wie sehr sich die italienische Gesellschaft im Laufe von dreißig Jahren verändert hat.

Zum Begräbnis von Enrico Berlinguer kamen nicht nur eine Million Menschen, es kam auch die gesamte politische Elite des Landes, der Staatspräsident, der Ministerpräsident und die Vorsitzenden aller politischen Parteien. Selbst Giorgio Almirante war anwesend, Chef der neofaschistischen Partei. Auch er erwies seinem politischen Todfeind die letzte Ehre. Indro Montanelli, prominenter konservativer Journalist und Antikommunist, schrieb zehn Jahre nach Berlinguers Tod: »Er war kein Darsteller, er war echt. Er fehlt uns, auch als Gegner, der er für uns alle immer noch wäre!«[68] Bei allen unüberbrückbaren Unterschieden gab es Einigkeit: In Gestalt des toten Enrico Berlinguers zollte man der Politik Respekt. Politik war eine Quelle der Hoffnung und der Würde, die Trauerfeier war ein Beleg dafür.

Als Beppe Grillo am 23. Februar 2013 auf die Bühne tritt, greift er sich das Mikrofon und sagt, mitten in den anhaltenden Applaus hinein: »Nein, nein, nein … hört auf, ich habe mich schon den ganzen Abend lang bemüht, mich nicht bewegen zu lassen, hört auf, hört auf …« Kaum hat er sich seinen Anhängern so »weich« gezeigt, kaum ebbt der Applaus ab, schlägt er andere, harte Töne an: »Wir sind nach den 12 000 zurückgelegten Kilometern dieser Tour in eine neue Phase eingetreten. Wir sind anders geworden. Wir sind keine Bewegung mehr, wir sind eine Gemeinschaft. Wir haben sie alle überrascht. Auch der Bürgermeister dieser Stadt wird bald gehen, auch der Präsident der Republik wird bald gehen. Selbst der Papst schafft es nicht mehr. Ratzinger hat verstanden, dass Italien sich verändert hat. Ich kann euch eines sagen: Es ist vorbei. Es ist vorbei mit diesen Leuten. Es ist aus mit euch Politikern (...). Ihr habt nicht verstanden, was auf euch zukommt. Ergebt euch, werdet unsichtbar, ergebt euch, ihr seid umzingelt, entschuldigt euch!«[69]

Politik ist für Grillo nichts als ein dreckiges, würdeloses Geschäft, und Politiker sind allesamt eine Bande von schamlosen Kriminellen. Grillo verschont niemanden, auch die etablierten Medien nicht. Für ihn sind sie ein Teil der verachtenswerten Elite, die Italien an den Abgrund gewirtschaftet hat. Seine Sprache ist voller Spott, voller Drohungen und Aggression – und wer das als farbige Folklore abtut, wird just an diesem Abend eines Besseren belehrt. M5S verwehrt italienischen Journalisten den Zugang zu der Veranstaltung. Als diese protestieren, kommt es zu Handgreiflichkeiten. Der Vorsitzende der italienischen Journalistengewerkschaft sagt einen Tag später, dass es so etwas in der gesamten Nachkriegsgeschichte Italiens noch nie gegeben habe. Ein einmaliger Fall, ein eklatanter Versuch, die Berichterstattung zu unterbinden. Aus der Sicht Grillos und seiner Anhänger ist dieses Verhalten allerdings nur konsequent. Sie halten die italienischen Journalisten allesamt für »Lakaien des Systems«[70]. Grillos Botschaft ist unmissverständlich. Das Band zwischen der Elite und den Menschen ist gerissen. Es gibt kein Vertrauen in »die da oben«. Sie sind alle gleich, sie sind alle Diebe, Schwindler, Betrüger. Und sie stecken alle unter einer Decke. Als die Wahllokale am Montag, dem 25. Februar 2013, schließen, wird klar, wie viele Italiener das genauso sehen: 8,7 Millionen haben der M5S ihre Stimme gegeben. M5S wird mit 25,6 Prozent zur zweitstärksten Partei; die Sozialdemokraten, die mit kleineren linken Parteien eine Koalition gebildet hatten, liegen nur um ein paar Zehntelprozentpunkte vor ihnen. Eine Sensation und eine erschütternde Nachricht. Politik ist nichts mehr, wovor sich die Menschen respektvoll verneigen, wie es am 11. Juni 1984 beim Begräbnis von Enrico Berlinguer geschehen ist. Politik provoziert nur Ablehnung und Verachtung. Politik ist nicht Würde, Politik ist Schmutz. Wie konnte es so weit kommen? Wie konnte die Politik ihr Ansehen so grundlegend verlieren? Wie ist der Erfolg der M5S zu erklären?

»Ich dachte: ein Verrückter!«

Man muss mit der Begegnung zweier Männer beginnen. Sie findet an einem Abend Anfang April 2004 im Teatro Goldoni in Livorno statt. Der Komiker Beppe Grillo tritt vor ausverkauftem Haus vor sein Publikum. Nach der Vorstellung lernt er den Informatiker und Internetunternehmer Gianroberto Casaleggio kennen. Wie es zu der Begegnung kam, darüber erzählen beide jeweils unterschiedliche Versionen. Casaleggio sagte viele Jahre später in einem Interview: »Ich habe viele Artikel und Bücher über das Internet geschrieben. 2004 hat Grillo eines meiner Bücher gelesen: ›Das Netz ist tot, es lebe das Netz!‹ Er besorgte sich meine Telefonnummer und rief mich an. Wir haben uns dann in Livorno getroffen, wo wir uns über unsere Ideen austauschten!«[71] Grillo hingegen beschreibt die Begegnung in einem Vorwort für ein Buch von Casaleggio (»Web ergo sum«) mit folgenden Worten: »Er kam in meine Garderobe und begann vom Internet zu erzählen (…) und dessen Fähigkeit, die Welt zu verändern. Er war sehr von dem überzeugt, was er sagte. Ich habe ihn angelächelt, da ich ihn nicht kränken wollte. Ich dachte: ein Genie des Bösen oder eine Art heiliger Franziskus, der anstatt zu den Wölfen und Vögeln zum Internet spricht. Ich dachte: ein Verrückter!«[72]

Casaleggio und Grillo sind auf den ersten Blick ein ungleiches Paar. Der eine ist medienscheu, still und introvertiert, der andere liebt die große Bühne, ist laut und extrovertiert. Casaleggio hat etwas Mönchisches an sich, Beppe Grillo ist eine Rampensau. Der eine wirkt wie ein konzentrierter Asket, der andere strotzt vor bacchantischer Kraftentfaltung. Casaleggio ist bestens mit der damals noch recht neuen Technologie vertraut. Grillo dagegen ist in Sachen Internet völlig unwissend. Er weiß – so wird er selber später sagen – nicht einmal, was ein Blog ist. Die beiden aber werden zu dem, was man zu Recht als das erfolgreichste politische Paar der italienischen Nachkriegsgeschichte bezeichnet. 2009 gründen sie M5S. Zehn Jahre später, im März 2019, wird M5S mit 32 Prozent Stimmenanteil stärkste Partei und bildet mit Matteo Salvinis Lega die Regierung. Das ungleiche Paar ist so erfolgreich, weil sie sich perfekt ergänzen: Casaleggio hat das Konzept, Grillo kann es popularisieren. Casaleggio ist das Hirn, Grillo ist der Lautsprecher.

Casaleggio beschäftigte sich viele Jahre damit, wie sich Communitys jenseits der traditionellen Kanäle, jenseits der Medien und der Parteien durch das Internet organisieren lassen. Casaleggio tat das weniger aus politischem denn aus kommerziellem Interesse, er war in erster Linie Geschäftsmann. Als er Grillo 2004 trifft, ist Silvio Berlusconi immer noch die beherrschende politische Kraft Italiens. Den Glanz der frühen neunziger Jahre hat dieser zwar längst schon verloren, doch noch immer bestimmt er die politischen Geschicke des Landes – er scheint ewig zu regieren. Auch die schlimmsten, die peinlichsten Skandale können ihm nicht schaden. Eine ganze Generation ist inzwischen unter Berlusconi herangewachsen. Luigi Di Maio, der M5S-Politiker, der 2019 Italiens Vizepremier werden sollte, ist 1994, als Berlusconi zum ersten Mal die Regierung bildet, acht Jahre alt!

Die vielen Versprechen des Illusionskünstlers Berlusconi von Arbeit und Wohlstand lösen sich mit den Jahren in Luft auf. Während er seine berüchtigten Bunga-Bunga-Partys feiert, während er sich mit Prostituierten und zwielichtigen Personen umgibt, während er für Wochen verschwindet, um sich Schönheitsoperationen und Haartransplantationen zu unterziehen, erlebt Di Maio in seiner Heimatstadt Pomigliano d'Arco den unerbittlich fortschreitenden Niedergang. Dabei steht die noch ein klein wenig besser da als viele andere Gemeinden im Süden Italiens. Die Alenia Aeronautica, ein Luft- und Raumfahrtunternehmen, hat in Pomigliano d'Arco einen Standort, und es gibt eine Fabrik von Alfa Romeo. Die Unternehmen florieren nicht, sie können ihre Arbeitsplätze gerade noch erhalten. Junge Menschen wie Di Maio haben kaum Perspektiven, kaum Aussicht auf Arbeit, kaum Aufstiegschancen. Seine Biografie steht stellvertretend für viele andere. Er wächst in behüteten Verhältnissen auf, sein Vater ist ein kleiner Bauunternehmer. Die Familie Di Maio ist nicht reich, aber sie hat ein ordentliches Auskommen. Nach dem Abitur beginnt Luigi Di Maio ein Studium der Rechtswissenschaften, bricht es ab, repariert Computer, jobbt als Platzanweiser und Kellner. Vor seinem Einstieg in die Politik hat er in seiner Steuererklärung kein Einkommen erklärt.[73] Er schlägt sich so durch. Die Emigration in den Norden des Landes, den Weg, den viele Hunderttausende Süditaliener in der Nachkriegszeit gegangen sind, um ihrem Schicksal zu entgehen, bietet den Jugendlichen des Südens keine Aussicht auf Besserung, denn auch Norditalien ist seit Jahren von einer massiven Deindustrialisierung betroffen. Junge Menschen wie Di Maio wachsen in einer Umgebung auf, die von Korruption, Kriminalität, Misswirtschaft und Umweltverbrechen gewaltigen Ausmaßes geprägt ist.

Rund zwanzig Kilometer von seiner Heimatstadt entfernt beginnt die *Terra dei Fuochi* – das »Land des Feuers«. Die Gegend hat diesen Namen erhalten, weil in ihr immer wieder illegale Müllhalden brennen. Dann steigen schwarze Rauchsäulen gen Himmel und verpesten die Luft. Über 1000 Quadratkilometer groß ist das »Land des Feuers«, rund zwei Millionen Menschen leben in dieser Region. In manchen Gegenden haben die Behörden die landwirtschaftliche Nutzung verboten, weil die Dioxinbelastung zu groß ist. Krebserkrankungen sind in dieser Region auffallend häufig. Es gibt Untersuchungen, Anklagen, Prozesse – auch Verurteilungen, aber in der *Terra dei Fuochi* brennt es weiter. Lesen junge Menschen Nachrichten, finden sie Berichte über Berlusconis ausschweifende Feste, über seine Gerichtsprozesse, sie finden Analysen zu steigenden Arbeitslosenzahlen, Nachrichten über Unternehmen, die Produktionsstätten nach Fernost verlegen, Reportagen über die massive Auswanderung von Italienern nach London und Berlin. Vor ihren Augen entfaltet sich ein düsteres Panorama – Änderung nicht in Sicht.

Berlusconi aber ist für die Generation Di Maio nur die eine Seite der Medaille, die andere besteht in der Unfähigkeit der Opposition, namentlich der linken Parteien. Tatsächlich schlug eine Linkskoalition unter Führung von Romano Prodi Berlusconi zweimal bei landesweiten Wahlen, 1996 und zehn Jahre später 2006. Prodi blieb jeweils zwei Jahre lang an der Macht, verlor diese aber schließlich zweimal, weil sich seine Mehrparteienkoalition nur auf eine hauchdünne Mehrheit stützte. Die sozialdemokratisch geführten Regierungen hätten aber trotz ihrer Kurzlebigkeit die Möglichkeit gehabt, Berlusconis Medienmonopol zu beschneiden und ihm damit ein entscheidendes Instrument seines Machterhalts zu nehmen. Doch sie taten es nicht. Im Gegenteil, sie schlossen Kompromisse mit ihm und verlängerten damit den politischen Stillstand im Land. Während »da oben« gekungelt wurde, änderte sich an der Lage der italienischen Jugend so gut wie nichts, egal ob linke oder rechte Parteien regierten. Wenn M5S immer wieder betonte, dass sie sich selbst weder als links noch als rechts versteht, muss man das vor dem Hintergrund der Erfahrung dieser Generation verstehen. Weder links noch rechts sein zu wollen, das ist auch Ausdruck einer tiefsitzenden Enttäuschung, ein Beleg für den wiederholten Vertrauensbruch der Politik.

Das Internet und seine Avatare

Der Informatiker Casaleggio betrachtet diese verlorene Generation als Rohstoff für ein Sozialexperiment. Jahrelang leitet er ein kleines Forschungsunternehmen namens Webegg, ein britisch-italienisches Joint Venture. Webegg experimentiert vor allem mit den Möglichkeiten des Intranets, also mit betriebsinternen Netzen. 2002 stellt Casaleggio eine Forschungsarbeit vor, er und sein Team haben insgesamt 31 betriebsinterne Netze italienischer Unternehmen analysiert. Casaleggio fasst sie in drei Kategorien zusammen: *institutionelle* Netze, die sich ausschließlich mit interner Kommunikation beschäftigen: *operative* Netze, die das Geschäft der Unternehmen nach außen unterstützen, etwa den Verkauf von Produkten, und schließlich Netze, die sich mit der *Organisation von Wissen* beschäftigen. Ihr Ziel ist es, Communitys zu schaffen, sprich die Köpfe und das Denken der Menschen zu beeinflussen, sie gewissermaßen wie durch eine unsichtbare Hand zu leiten. Unternehmen könnten, so eine der Schlussfolgerungen, solche Communitys am Reißbrett entwerfen und dann nach ihren Plänen aufbauen. 2004 gründet Casaleggio sein eigenes Unternehmen, die Casaleggio Associati, beschäftigt sich mit der »Anwendung des Internets auf Organisationen« und berät Unternehmern insbesondere im E-Commerce-Bereich. Einer der Leitsprüche lautet: Ein Unternehmen ohne Online-Strategie hat keine Zukunft.

Nun, Casaleggio hat eine Strategie: Er will die Wut und den Zorn der Italiener kanalisieren, in eine Form gießen und sie sich schließlich zunutze machen. Er entwirft eine Community und nennt sie: MoVimento 5 Stelle. Die fünf Sterne stehen für fünf Programmpunkte: Wasser, Umwelt, Transport, Entwicklung, Energie. Was auf den ersten Blick wie ein thematisches Sammelsurium erscheint, ist ein von Casaleggio entworfenes Netz. Die Programmpunkte sind Knotenpunkte dieses Netzes, um die herum sich *Cluster*, also Gruppen, bilden, in allen Landesteilen Italiens. Das Spektrum reicht von Bürgern, die sich in Mailand für den öffentlichen Verkehr oder für Windkraft einsetzen, über Bürger, die mehr Investitionen in Süditalien verlangen, bis zu denen, die sich gegen die Privatisierung des Wassers wehren oder gegen die *Terra dei Fuochi* in Kampanien kämpfen.

Für dieses Netz erschuf Casaleggio auch das Spitzenpersonal: Avatare aus Fleisch und Blut. Alessandro Di Battista ist einer von ihnen.

Di Battista wird 1978 in Rom geboren und studiert an der Universität La Sapienza Kunst und Musik. Danach schließt er noch ein Masterstudium in Internationaler Politik und Menschenrechten an. Eine Zeit lang arbeitet er als Freiwilliger für eine Genossenschaft in Guatemala und reist quer durch den südamerikanischen Kontinent. Als er aus Lateinamerika zurückkehrt, lernt er Gianroberto Casaleggio kennen. Der Internetunternehmer findet Gefallen an dem jungen Mann, er gibt ihm etwas Geld für die Recherche zu einem Buch über Lateinamerika, das er schließlich im Verlag seines Unternehmens publizieren wird. Das Buch trägt den Titel »Killer für fünf Euro« und handelt von Auftragskillern in Kolumbien.

Di Battista nimmt in seiner Heimatstadt Rom an den ersten Versammlungen der M5S teil und macht schnell Karriere. Er wird zu deren Sprecher in Latium. 2012 wählen ihn M5S-Mitglieder der Region mit 313 Stimmen auf den vierten Listenplatz für die Parlamentswahlen. Er geht mit einem Campingbus auf Wahlkampftour. Er ist groß, schlank, attraktiv, trägt Lederjacke und Jeans und ist rhetorisch begabt. Mühelos füllt er die Plätze. Er gibt sich als Kenner der Dritten Welt aus, als Stimme der Entrechteten und spricht die Sprache eines Drittweltaktivisten. In seiner Vorstellung trägt der kapitalistische Westen die Hauptschuld am Elend der Welt. In den klassischen politischen Kategorien würde man Di Battista als Linken einordnen, doch er verweigert sich, wie die meisten anderen Aktivisten auch, einer solchen Zuordnung. Sie ist für sie ein Zeichen des – wie sie sagen –

alten Systems, das sie überwinden wollen. Weder links noch rechts, sondern neu. Das ist die Selbstbeschreibung Di Battistas. 2013 wird er ins Parlament gewählt und Vizepräsident der Kommission für Auswärtige Angelegenheiten. In dieser Eigenschaft äußert er sich wiederholt zu außenpolitischen Fragen. Seine Sprüche sorgen immer wieder für Aufsehen, 2014 etwa schreibt er über den Umgang mit der Terrororganisation Islamischer Staat (IS): »Im Zeitalter der Drohnen, des totalen militärischen Ungleichgewichts, ist der Terrorismus, leider, die einzige Waffe in den Händen derer, die sich auflehnen wollen. Wenn mein Dorf von einem ferngesteuerten Flugzeug bombardiert wird, dann bleibt mir – neben den friedlichen Mitteln, die immer besser sind – doch nur übrig, mich mit Sprengstoff vollzupacken und mich in einer Metropole in die Luft zu sprengen. Ich rechtfertige das nicht, noch stimme ich dem zu, überhaupt nicht. Ich versuche nur zu verstehen. Das Subjekt, das auf erfahrene Gewalt mit Terror antwortet, besiegt man nicht, indem man Drohnen schickt, aber indem du es zum Gesprächspartner machst.«[74] Als Di Battista das sagt, hatte der IS große Teile Syriens unter seine Kontrolle gebracht und dort ein blutrünstiges Regime errichtet.

Wie ernst ist es ihm mit solchen Aussagen? Als er wegen dieser scharfe Kritik erntet, rudert er zurück, nur um bald wieder die nächsten Sprüche zu lancieren und sie erneut zu relativieren, sobald sich dagegen Protest regt. Den italienischen Staatspräsidenten Giorgio Napolitano beschimpft er schon mal als »Feigling«, Frankreichs Präsidenten Emmanuel Macron bezeichnet er 2019 als »Kolonialisten«, der »sich entschuldigen« sollte. Und als sich die EU 2019 geschlossen gegen das diktatorische Regime des Nicolás Maduro in Venezuela stellt, schert Italien aus, weil es die Regierungspartei M5S so will. Di Battista kommentiert: »Ich weiß, es braucht Mut, um jetzt neutral zu sein. Und Italien ist es nicht gewohnt, mutig zu sein!«[75] Es geht bei Di Battista nicht um Inhalte, es geht um etwas anderes: Seine Provokationen erzeugen Aufmerksamkeit und erhöhen damit die Klickzahlen auf den Social-Media-Kanälen der M5S. Sie bringen die Knotenpunkte in Casaleggios Netz zum Leuchten.

Di Battista, der Avatar, spielt den Influencer. Casaleggio hat die Rolle einer solchen Figur früh erkannt. In einem Artikel von 2008 schrieb er: »90 Prozent der Inhalte, die online erscheinen, Kommentare, Videos, Fotografien in den sozialen Medien, werden von 10 Prozent der Mediennutzer erzeugt. Diese Menschen haben die Fähigkeit, die Online-Communitys zu beeinflussen und ihren Entscheidungen eine Richtung zu geben, ob es um die Wahl einer Windelmarke geht oder um die Wahl des Präsidenten der USA (...). Die Beziehung zu den Online-Communitys ist für Unternehmen von fundamentaler Bedeutung, für ihr Marketing, für ihren Verkauf und für die Verbesserung ihrer Dienstleistungen und ihrer Produkte. Die Influencer sind der Schlüssel, um mit dem Netz in den Dialog zu treten.«[76] Di Battista beweist immer wieder, wie wertvoll er ist und wie viel Traffic er auf die Website der M5S leiten kann, die wiederum von der Casaleggio Associati betrieben und kontrolliert wird. Der ehemalige Pressesprecher der M5S-Parlamentarier schreibt über das Verhältnis zwischen Di Battista und Casaleggio: »Gianroberto liebt seine theatralische Art. Er verzeiht ihm tausend Dinge, und er benutzt ihn als erstes Mediengesicht der Bewegung. Er ist ein mediales Meisterwerk von Casaleggio, ein Asset für das Unternehmen. Und deswegen unberührbar!«[77]

Der Lautsprecher

Der Plan ist entworfen, die Instrumente stehen zur Verfügung und es gibt das riesige Potenzial einer »verlorenen« Generation. Casaleggio braucht noch jemanden, der ihm Zugang zu der Masse von Desillusionierten verschafft – und findet ihn mit Beppe Grillo. Der Komiker ist mit seiner Show schon seit vielen Jahren auf Plätzen und in den Theatern Italiens unterwegs. Das geschieht nicht ganz freiwillig. Grillo ist 1986 aus den staatlichen Fernsehstationen RAI verbannt worden, weil er einen Witz über die Sozialistische Partei des damaligen Ministerpräsidenten Bettino Craxi gemacht hatte. Als Gast der RAI-Sendung »Fantastico« sagte er: »Claudio Martelli (der Stellvertreter Craxis, Anm. d.A.) ist in China zu Gast. (...) Er ruft Craxi an und sagt: ›Hör mal, hier gibt es eine Milliarde Menschen und sie sind alle Sozialisten?‹ Craxi: ›Ja, und?‹ Martelli: ›Aber wenn das alles Sozialisten sind, wen beklauen sie dann?‹«[78]

Grillo bekommt Auftrittsverbot. Allerdings war es, wie er gerne erzählt, keine lebenslange Verbannung, nach zwei Jahren steht er wieder bei »Fantastico« als Gast auf der Bühne. Entscheidend war die Konsequenz, die er nach seinem »Rauswurf« 1986 zog. Ein Regisseur, der mit ihm zusammenarbeitete, sagte damals zu Grillo: »Das Fernsehen ist Scheiße, lass uns in die Theater gehen. Dort ist Italien!«[79] Der Komiker zieht los, geht hinaus zu den Leuten, tingelt wie ein Schausteller durch das Land, und die Menschen kommen in Scharen. Sein beißender Spott, sein bitterer Sarkasmus, seine boshaften Bemerkungen gefallen dem Publikum. Ein Satz, den er häufig wiederholt, lautet: »Ich könnte zu Hause sitzen und mein Leben genießen. Aber das geht nicht. Die Politik lässt einen nicht in Ruhe. Sie nimmt einem alles!«[80] Die reine Notwehr treibe ihn an, verkündet er. Seine schrillen Auftritte wirken auf viele Menschen befreiend. Da ist einer, der wie kein Zweiter ihre eigene Verzweiflung hinausschreit. Casaleggio überredet Grillo, einen Blog zu eröffnen, betrieben von der Casaleggio Associati. Binnen kürzester Zeit wird dieser zu einem der am meisten geklickten Blogs der Welt. Auf der Bühne und im Internet entwirft Grillo das Bild eines Italiens, das von Politikern ausgebeutet und von den Medien manipuliert wird – und am schlimmsten von allen sei das Fernsehen. Das Medium, das ihn angeblich lebenslang verbannt hat. Grillo inszeniert sich als Opfer eines korrupten Systems, er nennt es: *la casta,* die Kaste.

Ein Bestseller und seine Folgen

Der Begriff war keine Erfindung Grillos, sondern der Titel eines Buches, das im Mai 2007 erschienen ist. Gian Antonio Stella und Sergio Rizzo, zwei Journalisten vom *Corriere della Sera,* haben es geschrieben. Die Verleger druckten als erste Auflage des Buches 35 000 Exemplare, doch innerhalb weniger Jahre ging es 1,3 Millionen Mal über den Ladentisch. Es war nicht nur ein Bestseller, es prägte den zentralen politischen Begriff jener Zeit: Machtmissbrauch, Gier, Misswirtschaft, Korruption – der Begriff *la casta* beinhaltete all dies. Die Idee für das Buch kam Sergio Rizzo, als er im Herbst 2006 die Details des zur Abstimmung anstehenden Haushaltsgesetzes studierte. Ministerpräsident war damals der Sozialdemokrat Romano Prodi, der einen strengen Sparhaushalt vorgelegt hatte. Rizzo bemerkte, dass keine Kürzungen in der Rubrik »institutionelle Organe« vorgesehen waren. Die beiden Journalisten forschten nach und stießen auf zahllose Privilegien.

»Wenn die neuen Parlamentarier zum ersten Mal ins Haus kommen, erhalten sie eine Liste der vielen Vorteile, die sie fortan genießen können: kostenlose Business-Class-Reisen auf allen Flügen von Alitalia, kostenlose Reisen in den Zügen und Fähren Italiens; Darlehen zu extrem niedrigen Zinsen bei der hauseigenen Bank; die Karte Agis, durch die alle Kinobesuche kostenlos sind, ein kostenloser Telepass für die Autobahn und viele andere Dinge, die weniger bekannt sind (zum Beispiel die Möglichkeit, gegen eine Zahlung von 100 Euro auch seiner Verwandtschaft die günstigen Kreditangebote der hausinternen Bank zukommen zu lassen). Jeder Abgeordnete bekommt einen neuen Laptop und kann ihn dann für einen Euro auslösen und fortan sein Eigen nennen (…) einer hat gleich 21 Laptops ›eingesammelt‹ (…). Die Gehälter unser Abgeordneten sind von 1948 bis heute – die Inflation bereits berücksichtigt – um das Sechsfache gestiegen: von 1964 Euro auf 11 703 Euro.«[81]

Dabei waren die vielen Sonderzahlungen für die Abgeordneten nicht berücksichtigt, die Tagesdiäten, die Sitzungsgelder und andere mehr. Diese Informationen wirkten auf Millionen Italiener wie ein Schlag ins Gesicht. Die Regierung hatte gerade eben einen Sparhaushalt verabschiedet, und nun war im Detail dokumentiert, wie es innerhalb des Palazzo zuging. Die Regierung Prodi trug unfreiwillig das ihre dazu bei, um die verheerende Wirkung der Artikelserie im *Corriere della Sera* noch zu verstärken. Sie machte gravierende Kommunikationsfehler, denn sie war so überzeugt davon, dass der Sparkurs richtig und vernünftig war, dass der Finanzminister öffentlich verkündete: »Wir müssen den Mut haben zu sagen, dass Steuern eine sehr schöne Sache sind!«[82] Das war eine gewagte, eine riskante Aussage. Denn die Italiener standen Steuern grundsätzlich sehr skeptisch gegenüber.

Im Januar 2007 traf sich die Regierungsmannschaft von Ministerpräsident Prodi zu einer Klausur, ausgerechnet im Palast von Caserta, dem prächtigen ehemaligen Sitz des Königs von Neapel. Es war gut gemeint, die Regierung wollte dadurch ihre Nähe zu Süditalien demonstrieren. Doch die Bilder vom prachtvollen Ambiente, in dem sich die Minister trafen, verstärkten bei der Bevölkerung nur den Eindruck, von einer abgehobenen, selbstsüchtigen Klasse beherrscht zu werden, die auf ihre Sorgen und Nöte mit Kälte und Zynismus reagierte. Hinzu kam, dass sich diese Regierung nur deshalb im Amt halten konnte, weil sie auf die Stimmen der Senatoren auf Lebenszeit zählen konnte, allesamt alte Männer. Gerontokraten hielten eine Regierung am Leben, die für die junge Generation Italiens nichts tat. Und während sie den Italienern sagten: Schnallt den Gürtel enger, lebten sie in Saus und Braus. Das war der Eindruck, der entstand. Viele Italiener begruben endgültig die Hoffnung, dass es die Sozialdemokraten besser machen, dass das Schlechte in der Politik mit Berlusconi verschwinden würde. »Die da oben sind alle gleich!« – diese Botschaft ist einfach zu vermitteln.

Beppe Grillo kündigt auf seinem Blog eine Protestveranstaltung an: »Der 8. September wird der Vaffanculo Day sein, oder V-Day. Ein Mittelding zwischen D-Day, dem Tag, als die Alliierten in der Normandie landeten, und V wie Vendetta (Rache, Anm. d. A). Wir werden ihn am 8. September abhalten, um daran zu erinnern, dass sich seit damals nichts geändert hat.«[83] *Vaffanculo* heißt so viel wie: Leck mich am Arsch. Das Datum, das Grillo wählt, ist von großer symbolischer Bedeutung. Am 8. September 1943 stürzte Benito Mussolini, bis heute in Italien ein Feiertag. So wie damals die faschistische Diktatur in sich zusammenfiel, so wird die Diktatur der Parteien in sich zusammenbrechen. Das ist die Botschaft Grillos, wenn er sagt:»Wir leben nicht in einer Demokratie, wir leben unter der Herrschaft der Parteien«[84] – und dadurch keinen Unterschied zwischen einer faschistischen Diktatur und der durch freie Wahlen legitimierten Demokratie macht. Doch diesmal werden es nicht die Armeen der Alliierten sein, die Italien befreien, auch nicht die Partisanen, diesmal wird es die Zivilgesellschaft sein: das Volk mit seinem Abscheu gegenüber jeder Partei, mit seinem drängenden Bedürfnis nach »Sauberkeit« in der Politik. Wieder einmal soll das Volk als entscheidender Akteur der Geschichte auftreten, es soll sich jetzt selbst befreien, selbstständig, ohne jede Vermittlungsinstanz, ausgestattet nur mit seinem Zorn und den Waffen des Internets.

Beim ersten V-Day tritt Grillo auf der Piazza Grande in Bologna auf. 50 000 Menschen zählen die Behörden, Grillo spricht von 200 000. Auf den Plätzen sind keine Fahnen von Parteien oder Gewerkschaften zu sehen, wie das bei politischen Massenveranstaltungen üblich ist. Es gibt kein einziges öffentliches Bekenntnis, zu niemandem, nur zu sich selbst, ganz nach dem Motto: *Un vale uno!* Jeder ist gleich viel wert! Oder anders gesagt: Wir brauchen keine Vertretung. Grillo ruft in die Menge: »Das ist unser Sieg. Wir sind nur Köpfe, ohne Fahnen.«[85] Das enttäuschte, das bestohlene, das wütende Volk ist gekommen – es ist bereit, seine Rolle in der

Geschichte des Landes zu übernehmen. Die Bilder und die Botschaft vom V-Day sind bizarr. Sie erwecken den Eindruck, Italien sei eine Diktatur, die sich nur das Kleid der Demokratie übergeworfen habe. Grillo präsentiert eine völlig verzerrte Wirklichkeit und begeistert damit Tausende.

Die Radikalisierung im Internet

Der V-Day ist die Wiederaufführung des Stückes, das am 29. April 1993 vor dem Hotel Raphael in Rom aufgeführt wurde. Damals »köpfte« eine viel kleinere Menschenmenge Bettino Craxi, den König eines korrupten Reiches. Es war der Beginn einer Revolution. Spätestens mit dem Wahlsieg Silvio Berlusconis im Jahr 1994 war diese jedoch gescheitert, es gab keinen Neuanfang, das Alte kehrte in der Gestalt Berlusconis zurück. Es hatte sich nur verwandelt, es war hässlicher geworden, perfider und gefährlicher.

Vierzehn Jahre nach den Ereignissen vor dem Hotel Raphael erheben sich die Italiener wieder, diesmal wollen sie nicht einzelne Politiker »köpfen«, diesmal wollen sie die Politik als Ganzes hinwegfegen: *Vaffanculo!* – Leck mich am Arsch! Das zornige Volk erscheint in Bologna und in vielen anderen Städten. Es ist mit dem Internet aufgewachsen, hat sich dort vernetzt und radikalisiert. Jetzt zeigt es sich zum ersten Mal auf der Straße und es sieht selbst mit Erstaunen, wie groß es ist. In vielen anderen Städten – Grillo spricht von 179 – findet der V-Day gleichzeitig statt, sie sind über einen Maxibildschirm mit Bologna verbunden. Die zentrale Forderung lautet: Politiker, die verurteilt sind oder gegen die ermittelt wird, dürfen nicht im Parlament sitzen oder dafür kandidieren. Grillo liest in Bologna unter tosendem Applaus die Namen der 25 Abgeordneten vor, die verurteilt sind, aber weiterhin im Parlament sitzen – einen nach dem anderen. Nach mittelalterlicher Manier stellt er sie auf der Piazza Grande in Bologna an den Pranger, zur Belustigung des Publikums. Grillo fordert ein »Gesetz der Sauberkeit«, über 300 000 Menschen unterschreiben in den nächsten Tagen eine entsprechende Petition. Grillo heizt die Stimmung auf: »Nehmt den Politikern ihre Zeitungen, nehmt ihnen ihre Fernsehstationen, und es wird nichts von ihnen übrig bleiben. Nichts. Hinter den Medien ist nichts. Die Lakaien mit ihren Fernsehlautsprechern und ihren Zeitungen ignorieren uns, sie werden den V-Day ignorieren.«[86] Tatsächlich überträgt nur eine kleine Fernsehstation den V-Day, die großen staatlichen Fernsehprogramme zeigen nur kurze Ausschnitte. Dadurch entsteht der Eindruck, als wäre die italienische Demokratie wirklich ein Regime, das sich vor seinem eigenen Volk fürchtete. Ein Bild, das Grillo nach Kräften befördert. Hier kämpft ein Volk gegen die Unterdrücker! Die Vertreter der traditionellen Politik schauen mit einer Mischung aus Entsetzen und Verachtung auf das dargebotene Schauspiel. Sie kritisieren die Auftritte Grillos, sie lästern und spotten und begreifen nicht, dass tatsächlich ein Tsunami auf sie zurollt. Piero Fassino, sozialdemokratischer Spitzenpolitiker und Bürgermeister von Turin, spricht damals die später berühmt gewordenen Worte: »Wenn Grillo Politik machen will, dann soll er eine Partei gründen. Dann werden wir sehen, wie viele Stimmen er bekommen wird!«[87] Das ist eine ebenso grandiose Fehleinschätzung, wie sie vierzehn Jahre zuvor Bettino Craxi unterlaufen war, der glaubte, das

System – und er selbst – würde die Wut des Volkes aussitzen und letztendlich überstehen können. 2009 gründeten Grillo und Casaleggio die M5S, und schon 2011 sollten sie die erste größere Stadt Italiens »einnehmen«: Parma. Das war eine Sensation, der Beginn der großen Welle, die die M5S 2019 auch in Rom an die Macht bringen würde.

Der erste große Erfolg

Parma hat nur 180 000 Einwohner, doch diese Stadt in der Emilia Romagna besitzt das Selbstbewusstsein einer Metropole. Der prächtige Dom, das achteckige Baptisterium San Giovanni, eines der bedeutendsten mittelalterlichen Bauwerke Italiens, der düstere, dunkle Palazzo della Pilotta, der mehr Festung ist als Palast, das darin gelegene barocke Hoftheater Farnese, die Vergangenheit als selbstständiges Fürstentum, ihre Liebe zu Kunst und Kultur – all das hat das Selbstbild dieser Stadt geprägt. Und natürlich die Oper. Giuseppe Verdi ist in der Provinz Parma geboren, in Le Roncole, einem rund vierzig Kilometer von der Stadt entfernten Dorf. Verdi war kein Nationalist, aber er war ein glühender Patriot. Als französische und piemontesische Truppen 1859 den letzten Herzog Parmas vertrieben, wurde Verdi in die Stadtversammlung gewählt, die sich schnell für den Anschluss des Herzogtums an das Königreich Piemont aussprach. Verdi fuhr nach Turin, um dem König das Ergebnis der Abstimmung höchstpersönlich mitzuteilen. Jahrelang lebte er in Le Roncole auf dem Landsitz Sant'Agata, den er gekauft hatte, als er ihn sich leisten konnte. Dort komponierte er große

Opern wie Don Carlos, Otello, Aida. Er liebte es, sich selbst als »Bauer aus Roncole« zu bezeichnen. In der flachen Landschaft fühlte er sich zu Hause, wo im Winter dichter Nebel aus den zahllosen Kanälen aufsteigt und im Sommer die Hitze über die weiten Kornfelder flirrt, während der mächtige Po träge Richtung Meer fließt. Verdi griff gerne zu Hacke und Spaten, pflanzte, säte und erntete. Er war einer von hier, er blieb einer von ihnen. Im Opernhaus von Parma, im Teatro Regio, finden jährlich die Verdi-Festspiele statt.

Etwas schwerer tut sich die Stadt mit einem anderen ihrer Söhne, dem humoristischen Schriftsteller Giovannino Guareschi, der 1908 ebenfalls in Le Roncole geboren wurde. Guareschi ist der Schöpfer der Figuren Don Camillo und Peppone, des katholischen Priesters und des kommunistischen Bürgermeisters, die durch die Verfilmung im europäischen Ausland berühmt wurden. Sie liefern sich einen harten, alles in allem jedoch brüderlichen Kampf um die Seelen der Bewohner des fiktiven Dorfes Boscaccio. Das ungleiche Paar stellte den Kalten Krieg in der italienischen Provinz auf humoristische Weise dar. Guareschi nahm dem Konflikt zwischen Ost und West seinen tödlichen Ernst, indem er ihn vermenschlichte. So populär die beiden Figuren auch wurden, so wenig lassen sie sich der hohen Literatur zuzählen. Das dürfte auch ein Grund dafür sein, dass Giovannino Guareschi nicht wirklich in das imaginäre Pantheon Parmas aufgenommen wurde. Ihm hing etwas allzu Provinzielles an, und in Parma will man weltgewandt sein, geschäftstüchtig ist man allemal.

Parmaschinken und Parmigianokäse haben die Stadt wohlhabend und berühmt gemacht. Lange Zeit war nur das Beste gut genug für Parma, die weltbesten Opernsänger wurden geladen, die weltbesten Balletttänzer. Der an der Universität Parma lehrende Soziologe Alessandro Bosi sagt: »Die Stadt liebt seit jeher die große Geste!« Das sei nicht nur eine Attitüde, darin sei auch eine Botschaft enthalten: »In dem Hang zum Ästhetischen steckt immer auch ein prophetisches Element.« In seinem Buch »Il caso Parma« (Der Fall Parma) führt Bosi den Nachweis, dass Parma im Politischen sehr oft vorwegnahm, was später im ganzen Land passieren sollte. Tatsächlich spricht vieles für diese These. 1998 wurde der Kandidat einer rechtsliberalen Bürgerliste zum Bürgermeister gewählt – das war ungewöhnlich, denn Parma liegt mitten in der über Jahrzehnte von den »Roten« dominierten Emilia Romagna. Doch es sind nur die ersten Erschütterungen eines großen Bebens. Elvio Ubaldi hieß der damals ins Amt gewählte Rechtsliberale, der die Dominanz der Sozialdemokraten brach. Seine Liste nannte er »Civiltà Parmigiana«.

Ubaldi hat große Träume. Parma soll zu einem Knotenpunkt der Region werden, dafür wird gebaggert und gebaut, ein neuer Bahnhof mit einem gewaltigen angeschlossenen Einkaufszentrum soll entstehen, eine Metro soll her – alles, was Parma nach Auffassung des Bürgermeisters braucht, um sich endlich nicht nur als Großstadt zu fühlen, sondern tatsächlich auch eine zu sein. Die Zukunft scheint ein einziges Versprechen, auf die Details kommt es dabei nicht wirklich an. Doch hätte man gewarnt sein müssen, große Ambitionen können böse Folgen haben, denn sie sind meist nicht auf festem Grund gebaut. Gerade die Provinz Parma liefert dafür ein spektakuläres Beispiel.

2004 bricht der Lebensmittelkonzern Parmalat zusammen und hinterlässt 13 Milliarden Euro Schulden. 45 000

Italiener verlieren das Geld, das sie in Parmalat angelegt haben. Mit dem Aufstieg und Fall des Konzerns gehen Erfindungsgeist, Kreativität und Fleiß mit Hybris, Gier und Rücksichtslosigkeit einher. Die Geschichte beginnt 1961, im Dorf Collecchio, fünfzehn Kilometer von Parma entfernt. Callisto Tanzi bricht sein Studium ab und übernimmt das kleine Molkereiunternehmen der Familie. Er gründet Parmalat und macht das Unternehmen binnen weniger Jahrzehnte zu einem weltweit operierenden Konzern mit knapp 20 000 Beschäftigten.

Tanzi ist ein Aufsteiger wie Silvio Berlusconi, ein Kind der sechziger und siebziger Jahre, in denen Italien prosperierte. Für die Ehrgeizigen, die Fleißigen, die Einfallsreichen schien Italien damals ein Land der unbegrenzten Möglichkeiten zu sein. Wie Berlusconi kauft auch Tanzi einen Fußballclub: den AC Parma, in den er viel Geld investiert. Der AC Parma steigt in die erste Liga auf, wird Vizemeister und Pokalsieger, 1995 gewinnt er den UEFA-Cup. Der Sieg trägt das Image Parmas, das Tanzi am Herzen liegt, in die Welt: hart arbeitend, kreativ und bodenständig.

Doch Tanzis Erfolg gründet auf Betrug. Er schmiert im Lauf der Jahre eine ganze Reihe von Politikern, bis hinauf in die höchsten Positionen, er finanziert Zeitungen und platziert seine Leute in Finanzinstituten, die helfen sollen, den wachsenden Schuldenberg zu verschleiern. Anfang des Jahrtausends verdichten sich die Gerüchte über die Zahlungsunfähigkeit des Konzerns. Ausgerechnet Beppe Grillo spielt dabei eine Rolle: 2002 sagt er in einer Direktübertragung des Fernsehens in verschwörerischem Ton, ein Manager von Parmalat habe ihm »Zahlen genannt und ihn gebeten, niemandem etwas zu sagen«.[88] Die ohnehin schon ermittelnden

Behörden laden Grillo vor und fordern ihn auf, offenzulegen, was er weiß. Es ist nicht bekannt, über welche Informationen Grillo wirklich verfügt und ob sie wirklich relevant für die Ermittler sind, doch seine Inszenierung ist perfekt. Nach der Vorladung sagt er in die Fernsehkameras: »Parmalat ist ein Debakel. Aber es ist nur die Spitze des Eisbergs. Die wahre Katastrophe sind die Medien: Es ist schlimm, dass wir solche Sachen aufdecken müssen, wir Komiker, nicht die Zeitungen. Die kamen erst später!«[89] Grillo nutzt die Gelegenheit, um das System als Ganzes zu attackieren – und tatsächlich ist der Fall Parmalat nur möglich gewesen, weil es über viele Jahre eine enge kriminelle Verflechtung zwischen Unternehmern, Politikern und Medien gegeben hatte.

Der *Crac Parmalat*, der Zusammenbruch von Parmalat, wie ihn die Italiener nennen, zeigte erneut, dass Italien seit *Tangentopoli* im Jahr 1992 nicht sauberer geworden war. Zehn Jahre nach der Verhaftung Mario Chiesas, die den Skandal ins Rollen brachte, nahm die Polizei den Direktor des Krankenhauses Molinette in Turin fest. Er gab bereitwillig Auskunft über seine Praktiken. Mit dem Schmiergeld, das er einstrich, kaufte er 800 Mitgliedsbücher seiner Partei Forza Italia. Damit wollte er Gesundheitsminister in der Region Piemont werden und etwas später möglicherweise auch Unterstaatssekretär im Gesundheitsministerium der Zentralregierung. Piercamillo Davigo war zusammen mit Antonio Di Pietro Mitglied der Gruppe von Staatsanwälten, die 1992 *Tangentopoli* aufdeckten. 25 Jahre später schreibt er diese niederschmetternden Zeilen: »In der Politik hat man Erfolg, wenn man zeigen kann, dass man Anhänger hat. Da es diese Anhänger oft nicht gibt, erfindet man sie. Das Problem ist, dass der ehrliche Politiker Menschen von sich überzeugen muss, wenn er es in der Partei zu etwas bringen will; der Gauner hingegen erfindet Mitglieder, die es nicht gibt, mit dem Ergebnis, dass er sich immer gegen den ehrlichen Politiker durchsetzen wird. Wenn der nämlich 1000 Wähler überzeugt hat, dann wird der Unehrliche 1100 Mitglieder erschaffen und auf jeden Fall gewinnen.«[90] Bettino Craxi hatte das bei seiner Verteidigungsrede im Parlament 1993 nicht geleugnet. Demokratie, das war sein Argument, finanziere sich auch über dunkle Kanäle, Schmiergeld gehöre einfach zu den »Kosten der Demokratie« dazu, man solle sich besser damit abfinden. Davigo erinnert sich an einen Politiker, der jede Nacht mit zwei Frauen verbrachte. Wenn eine fehlte, musste seine Mitarbeiterin einspringen. »All das ist zu einem großen Teil mit Schmiergeld finanziert worden. Sicher wird dieser Mann von vielen beneidet, aber es fällt mir schwer, das als ›Kosten der Demokratie‹ zu bezeichnen.«[91]

Wer klaute, mag zwar ein Dieb sein, aber er klaute für eine gute Sache – das war schon immer die Propagandalüge der Diebe. Korruption blieb wie eine hartnäckige, endemische Krankheit bestehen, die Italien nicht loswerden konnte. Die Betrüger waren gierig, unersättlich und schamlos. Tanzi, der schließlich zu einer langjährigen Haftstrafe verurteilt wurde, hatte in mehreren Wohnungen in Parma gestohlene Werke von Picasso, van Gogh, Monet und Modigliani versteckt. Die Gemälde hatten einen geschätzten Wert von 100 Millionen Euro.

Nicht nur Tanzi hat hoch gepokert, auch die Stadt Parma hat sich verspekuliert. Die meisten ihrer großen Projekte kommen nicht zum Abschluss oder bringen nicht den erhofften Gewinn. Die Schulden der Stadt wachsen und wachsen. 2011 muss sie Zahlungsunfähigkeit anmelden, sie hatte

800 Millionen Euro Schulden angehäuft. Dabei ist es nicht legal zugegangen, viel Geld war in den Taschen von Politikern verschwunden. Der Bürgermeister, ein Nachfolger des ehrgeizigen Ubaldi, wird wegen Korruptionsvorwürfen festgenommen und später verurteilt, mit ihm viele andere Lokalpolitiker. Doch keiner muss länger als neun Monate hinter Gittern sitzen. Männer, die die Stadt wissentlich ruiniert haben, kommen mit vergleichsweise milden Strafen davon, weil sie mit den Gerichten zusammenarbeiten oder ihre Verbrechen verjährt sind.

Im November 2011 wird Parma unter Zwangsverwaltung gestellt, im Mai 2012 ein neuer Gemeinderat gewählt. Der große Moment für M5S ist gekommen. Ihr Kandidat, der 38-jährige Federico Pizzarotti, ein Bankbeamter, der mit Politik noch nie etwas zu tun hatte, gewinnt die Stichwahl mit über 60 Prozent der Stimmen. M5S hat die erste große Stadt Italiens »erobert«. Das Ergebnis ist vor allem für die Sozialdemokraten ein Schock. Sie sind fest von einem Sieg ausgegangen, schließlich haben die rechten Parteien die Finanzen der Stadt ruiniert und nicht die Linke; schließlich ist Parma jahrzehntelang von der Linken recht ordentlich regiert worden. Das Pendel würde nun in ihre Richtung ausschlagen, davon waren sie überzeugt. Doch das war ein Trugschluss. Das alte Rechts-links-Schema funktioniert nicht mehr, es ist zerbrochen, die Wähler erkennen sich darin nicht mehr wieder. Sie stimmen für M5S, die behauptet, weder rechts noch links zu sein, sie stimmen für einen Mann, den als Politiker niemand kennt und der nur eines sein soll: sauber und nicht verbunden mit den traditionellen Parteien.

Die Freude am Experiment

Wer sich in den Tagen nach dem Wahlsieg Pizzarottis in Parma umsieht, trifft viele M5S-Aktivisten, die von ihrer ganzen Erscheinung, von ihrem Verhalten und ihrem Habitus her zu den schrillen Tönen Beppe Grillos nicht passen wollen. Ja, sie sind wütend auf die politische Klasse, ja, sie wollen nichts mehr hören von linker oder rechter Politik, doch alles in allem sind die Parteigänger der M5S unternehmungslustig, fröhlich, energiegeladen und experimentierfreudig. Politische Gegner versuchen, diese Menschen als Verführte des Rattenfängers Beppe Grillo darzustellen, als naive, gutgläubige Bürger, die einem begnadeten Volkstribun auf den Leim gegangen sind. Doch das ist ein allzu einfaches Bild.

Viele Anhänger engagieren sich schon seit Jahren in lokalen Initiativen, sie setzen sich gegen die im Bau befindliche Müllverbrennungsanlage und für bessere Fahrradwege in der Stadt ein, sie bauen Kooperativen, die auch für Arme günstige Waren bieten, sie experimentierten während der Eurokrise mit einer lokalen Währung – M5S fließt aus vielen Quellen Energie zu, die Lust, etwas zu verändern, ist groß. Laut Umfragen bezeichnen sich etwas mehr als 40 Prozent der Wähler der M5S als »politikfern«, sprich: Sie haben keine festen Bindungen zu traditionellen Parteien oder sie kommen aus dem großen Reservoir der Nichtwähler. Etwas weniger als 30 Prozent der M5S-Wähler rechnen sich dem linken Spektrum zu und ebenso viele dem rechten Spektrum. M5S ist also eine Partei, die von allen Seiten Zustimmung erfährt – das gilt auch für die soziale Herkunft ihrer Wähler. Ob Angestellte, Arbeiter oder Rentner, ob jung, alt, weiblich oder männlich, M5S ist überall vertreten. Auffallend ist, dass M5S die größte Wählergruppe unter den 30- bis 44-Jährigen hat.[92]

Nach dem Wahlsieg in Parma sind die Anhänger Grillos von der Überzeugung getragen, etwas Großes geschaffen zu haben. Sie leben in dem Gefühl, dass sie ganz neu anfangen können, ohne den Ballast der alten Parteien. Der Marktschreier Grillo ist vielen hier geradezu unsympathisch, zu brachial, zu vulgär erscheint er den gesitteten, den braven Bürgern Parmas. Doch sie nehmen ihn in Kauf. Sie sehen in ihm den Angreifer, der wutschnaubend die Hörner senkt und auf die Tore der verschlossenen Paläste der Macht zurast, die krachend unter der Gewalt des Aufpralls auffliegen. Nun kann das Volk hineinströmen, all die Menschen, die etwas ändern wollen und auf die Frage, wie sie das, so ganz ohne politische Erfahrung, denn bewerkstelligen möchten, immer die eine Antwort geben: Wir haben Berufspolitiker aller Parteien ausprobiert. Sie haben uns ein Desaster nach dem anderen eingebrockt. Jetzt versuchen wir es mit ganz neuen Leuten. Schlimmer kann es nicht werden!

Neu in der Politik ist auch die 37-jährige Anwältin Virginia Raggi, die im Juni 2016 mit 67 Prozent der Stimmen in Rom zur Bürgermeisterin gewählt wird; neu in der Politik ist die 32-jährige Chiara Appendino, die ebenfalls im Juni 2016 in Turin, einer traditionellen Hochburg der Linken, mit fast 55 Prozent der Stimmen die Wahlen gewinnt; und neu in der Politik ist auch Luigi Di Maio, der 2013, im Alter von 26 Jahren, zum Vizepräsidenten des italienischen Parlaments gewählt wird. Wie kamen diese Jungen so schnell so weit nach oben? Wie wurden sie ausgewählt? Diese Fragen führen uns wieder zum Erfinder der M5S, zu Gianroberto Casaleggio.

Gaia, die neue Weltordnung

Luigi Di Maio engagiert sich ab 2007 in seiner Heimatstadt Pomigliano d'Arco in sogenannten Meetup-Gruppen, die sich über eine von der Casaleggio Associati zur Verfügung gestellten Plattform vernetzen und austauschen können. Dabei geht es um gemeinsame Interessen, Hobbys, Leidenschaften: Kino, Literatur, Musik – und eben auch Politik. Hier treffen sich viele Menschen, die etwas verändern wollen und nicht mehr glauben, dass dies innerhalb der traditionellen Strukturen möglich ist. Nach und nach entstehen in vielen Teilen des Landes solche Meetup-Gruppen und bilden so die Kernstruktur der Partei M5S, die schließlich 2007 gegründet wird. Das Entscheidende dabei ist: Die gesamte Architektur und interne Kommunikation dieser politischen Bewegung bleiben bis heute fest in den Händen von Casaleggio Associati, d. h. eines privaten Unternehmens. Das wäre so, als würde Facebook in den USA eine Partei gründen und diese dann bei Wahlen so erfolgreich sein, dass sie an die Regierung kommt.

2016 starb Gianroberto Casaleggio 62-jährig an einem Krebsleiden. Als Bücherwurm mit einem Faible für Science-Fiction liebte er Autoren wie Isaac Asimov, Ray Bradbury und Tolkien. Als M5S im Februar 2013 ihren Wahlsieg auf der Piazza San Giovanni del Laterano in Rom feiert, tritt auch Casaleggio, der die Öffentlichkeit normalerweise scheut, auf die Bühne und begrüßt die feiernden Menschen mit einem Satz des Jedimeisters Obi-Wan Kenobi aus »Krieg der Sterne«: »Möge die Macht mit dir sein!« Er hat sein ganzes Leben in Norditalien verbracht, und seine politischen Sympathien gehören zunächst der Lega Nord von Umberto Bossi.

Casaleggio ist wie Bossi ein Gegner des Zentralstaates und der traditionellen Parteien, beide empfinden gegenüber der Hauptstadt Rom geradezu körperlichen Widerwillen. Casaleggio fühlt sich offenbar angezogen von den seltsamen Ritualen, die Bossi selbst erfand und unter großer Medienaufmerksamkeit inszenierte. Dazu gehört die sogenannte »Zeremonie der Ampulle«.

Einmal im Jahr geht Bossi mit seinen Anhängern an die Quelle des Flusses Po, entnimmt dort Wasser und gießt es in eine Ampulle, die ein Glasbläser aus Murano gefertigt hat. Am nächsten Tag wird sie in der Lagune von Venedig entleert. 1996 zelebriert Bossi zum ersten Mal dieses Ritual und verkündete: »Dieses klare, schäumende Wasser wird durch die ganze Ebene Padaniens fließen. Unsere Vorfahren glaubten, dass das Wasser Gott sei, der in allen Dingen wohnt. Wir werden dieses Wasser nach Venedig bringen und es dort befreien und so werden auch wir uns befreien.«[93] Der politische Mystizismus ist ganz nach dem Geschmack von Casaleggio. Seine politischen Überzeugungen sind im besten Fall eklektisch, im schlimmeren Fall obskurantistisch. Im Jahr 2008 erscheint auf der Website der Casaleggio Associati ein Video mit dem Titel: Gaia, eine neue Weltordnung. Der dazu gesprochene Text ist das, was einer Selbstbeschreibung der Weltanschauung Casaleggios wohl am nächsten kommt.

»Gaia, eine neue Weltordnung ist heute geboren. Es ist der 14. August 2054. Rassenkonflikte, ideologische Konflikte, religiöse Konflikte, territoriale Konflikte gehören der Vergangenheit an. Jeder Mensch ist ein Weltbürger, der den gleichen Gesetzen unterworfen ist. Das Internet war der Motor einer Bewegung. Es ermöglichte die planetarische Vernetzung von Kommunikation, Wissen und Organisation. Die ägyptischen Pyramiden, das Kolosseum in Rom, die Kirche der Heiligen Weisheit sind Symbole der Macht. Das Römische Reich überdauerte Jahrhunderte, weil seine Straßen ein Verbindungsnetz bildeten: den *cursus publicus*. Dschingis Khan hat ein Netz aus Pferdekurieren geschaffen, um Informationen in Echtzeit aus allen Ecken seines Reiches zu erhalten und in der Lage zu sein, all seine militärischen Kräfte binnen weniger Tage an einem Punkt zu konzentrieren. Savonarola, ein Mönch aus Ferrara, ein Vorläufer Martin Luthers und Johannes Calvins, erfand die ›offenen Briefe‹, die tausendfach gedruckt und unter den florentinischen Bürgern verteilt wurden. Die Französische Revolution gründet auf der Enzyklopädie Diderots und D'Alemberts und dem philosophischen Wörterbuch von Voltaire. Benito Mussolini benutzte das Radio, um mit dem Volk zu kommunizieren, das er auf allen Plätzen Italiens versammelt hatte. Die Filme von Leni Riefenstahl verliehen Hitler große Popularität. Die erste Liveschaltung aus dem britischen Unterhaus wurde 1975 von der BBC im Radio übertragen.

Zu Beginn des 21. Jahrhunderts ist das Schicksal der Welt immer noch von religiösen und finanziellen Freimaurerlogen geprägt. 130 der einflussreichsten Menschen der Welt, die Gruppe ›Bilderberg‹, treffen sich einmal im Jahr in privatem Rahmen, um über die Zukunft der Weltwirtschaft zu sprechen. Vor dem Internet gehörten das Wissen und die Organisationen der Macht wenigen, mit dem Internet gehören sie allen Menschen. 1998: Eine politische Internetseite mit dem Namen ›Move On‹ lanciert eine Kampagne für Bill Clinton, mit deren Hilfe eine Million E-Mails an den US-Kongress geschickt werden. 1999 gehen dank des Internets Tausende Aktivisten in Seattle auf die Straße, um gegen die WTO zu demonstrieren. 2002 scheitert ein Putsch in Venezuela. Chávez bleibt durch die Informationen, die im Internet und via SMS verbreitet wurden, im Präsidentenamt. 2004 wird Howard Dean, unbekannter Gouverneur des Bundestaates Vermont, Kandidat für das Weiße Haus. Er baut ein weltweites Netz von Unterstützern auf, die Internetplattform ›Meetup‹. Er kommuniziert mit Millionen Menschen durch seinen Blog ›blogforamerica.com‹. In vielen Staaten wie in Iran, China und Malaysia ist das Internet unter Kontrolle. 2007: In Italien ist der V-Day das größte politische Ereignis, das online organisiert wurde. Es wird über den Blog des berühmten italienischen Komikers Beppe Grillo koordiniert. Zwei Millionen Menschen gehen auf die Straße, um für eine Säuberung des Parlaments zu demonstrieren. 2008: Obama gewinnt die Vorwahlen gegen Hillary Clinton. Er wirbt über das Internet mehr Gelder ein als jeder seiner Konkurrenten und gewinnt die Präsidentschaftswahlen. Auf dem Gipfel ›web 2.0‹ in San Francisco erklärt Al Gore, dass die Probleme der Welt, wie die Klimaerwärmung, nur über eine intelligente Kooperation der Menschen im Internet gelöst werden können. 2018: Die Welt ist in zwei Teile gespalten. Der Westen mit direkter Demokratie und freiem Zugang zum Internet. China, Russland und der Mittlere Osten mit orwellschen Diktaturen und einer strikten Kontrolle des Zugangs zum Internet. 2020: Der Dritte Weltkrieg beginnt. Er dauert 20 Jahre. Die Symbole des Westens werden zerstört, der Petersdom, Notre Dame, die Sagrada Familia. Es werden biologische Waffen eingesetzt, es kommt zu einer Beschleunigung des Klimawandels, zu einer Erhöhung des Meeresspiegels um zwölf Meter, zu Hungerkatastrophen. Das Zeitalter der fossilen Energien endet, die Weltbevölkerung schrumpft auf eine Milliarde.

2040: Der Westen gewinnt. Die Webdemokratie triumphiert. 2043 entsteht eine weltweite Umweltbewegung, um die lokalen Ernährungs- und Energieprobleme zu lösen. Der Planet ist in Tausende Gemeinschaften aufgeteilt, die online verbunden sind. 2047: Jeder hat seine Identität in einem sozialen und globalen Netzwerk, das durch Google geschaffen ist. Es heißt: ›earthlink‹. Um du sein zu können, musst du Mitglied im ›earthlink‹ sein, oder du hast keine Identität, es gibt keine Pässe mehr. 2050 wird ›Brain Trust‹ gegründet, eine soziale, kollektive Intelligenz, die es den Menschen erlaubt, die anstehenden komplizierten Probleme zu lösen. Sie teilen jede Art von Information und jede Art von Daten über das Internet. 2051 wird ein weltweites Referendum abgehalten, das zur Abschaffung der Todesstrafe führt. 2054: Die erste weltweite Wahl findet online statt. Es wird eine Weltregierung mit dem Namen ›Gaia‹ gewählt. Geheimgesellschaften werden verboten, jeder Bürger kann Präsident werden, und die Aktivitäten der Regierung werden über das Internet kontrolliert. In ›Gaia‹ verschwinden politische Parteien, Ideologien und Religionen. Der Mensch ist der alleinige Herrscher über sein Schicksal. Kollektives Wissen ist die neue Politik.«[94]

Der rote Faden, der sich durch diesen Gedankenwust zieht, ist eine technizistische Heilserwartung. Casaleggio glaubt, dass das Internet alle Probleme der Welt lösen könne. Parteien, Medien, Gewerkschaften, Vereine, Kirche, alles wird sich auflösen und die ganze Macht dem Individuum zukommen. *Uno vale uno* – jeder ist gleich viel wert, das Lied des Hip-Hoppers Supa ist aus einem guten Grund zur Hymne von M5S geworden. Casaleggio gibt der Partei auf den ersten Blick eine Struktur, die dieser Überzeugung entspricht.

M5S ist ausdrücklich keine traditionelle Partei, es gibt keine Parteitage und keine Parteistatuten, im Gegenteil. Casaleggio verpasst M5S ein »Nicht-Statut«, in dessen Artikel 1 es heißt: »Die MoVimento 5 Stelle ist ein Nicht-Verein. (…) Der ›Sitz‹ der MoVimento 5 Stelle entspricht der Webadresse www.beppegrillo.it. Die Kontakte mit der Bewegung laufen ausschließlich über die Adresse MoVimento5stelle@beppegrillo.it.«

Unter Artikel 4 ist zu lesen: »Die MoVimento 5 Stelle ist keine Partei und will auch keine werden (…), es geht um die Möglichkeit eines demokratischen Austausches außerhalb der Fesseln von Vereinen und Parteien und ohne die Vermittlung von repräsentativen Organen, wir erkennen allen Internetusern eine Regierungsrolle zu, die normalerweise wenigen zugeschrieben wird.«[95]

Alle können alles werden, niemand steht über dem anderen. Die Auswahl der Kandidaten regelt ebenfalls Artikel 4: »Bei der Vorbereitung der Wahlen auf europäischer, nationaler, regionaler und kommunaler Ebene ist die Website www.movimento5stelle.it das Zentrum zur Sammlung und Auswahl der Individuen, die kandidieren können. Sie werden Einzelfall für Einzelfall schriftlich autorisiert, den Markennamen ›MoVimento 5 Stelle‹ im Rahmen ihrer eigenen Beteiligung an jedem Wahlgang zu verwenden.« Casaleggio und Grillo behalten sich so die absolute Kontrolle über die Auswahl der Kandidaten vor. Wer von ihnen keine schriftliche Erlaubnis bekommt, darf unter dem Markennamen »MoVimento 5 Stelle« nicht kandidieren. Sie sind die Schöpfer von Politikern wie Luigi Di Maio und wählen sie wie in einem Casting aus. Es sind Figuren für die Rollen eines Drehbuchs. Dem Avatar Alessandro di Battista war die

Rolle des Influencers zugeschrieben, des Provokateurs, der das Internet zum Glühen bringen sollte, Luigi Di Maio sollte das gemäßigte, zuverlässige, berechenbare Gesicht der Bewegung darstellen.

Grillo lernte Di Maio persönlich im Jahr 2010 kennen, als er nach Pomigliano d'Arco kam, um die Kandidaten für die Gemeinderatswahlen zu unterstützen, auch Di Maio gehörte dazu. Offenbar gefiel ihm der damals 24-jährige Mann, der sein Studium abgebrochen hatte. Bei den Wählern kam Di Maio weniger gut an und erhielt nur 59 Stimmen. Drei Jahre später bewarb er sich um einen Listenplatz bei M5S für die Parlamentswahlen. Dazu musste er sich zunächst parteiinternen Wahlen in seiner Heimatregion Kampanien stellen. Er bekam 189 Stimmen und wurde damit Zweiter auf der M5S-Liste für den Wahlkreis Kampanien. Auf dem ersten Platz landete Roberto Fico mit 228 Stimmen, der wenige Jahre später zum Parlamentspräsidenten gewählt werden sollte. Anschließend organisierte M5S landesweite parteiinterne Vorwahlen, aus denen Di Maio mit 37 442 Stimmen als Sieger hervorging. Beppe Grillo verkündete das Ergebnis auf einem Fest der Partei in Rimini, in Anwesenheit eines Notars, der die Stimmen beglaubigte. Das gab dem Verfahren einen legalen Schein, doch wie dieses Auswahlverfahren im Einzelnen gestaltet war, wer teilnehmen konnte, wie und auf welchem Wege, bleibt bis heute unklar. Alle internen Vorgänge bei M5S sind im besten Fall schwer zu verstehen, im schlimmeren Falle bewusst undurchsichtig gestaltet. Zur Abstimmung wurde eine Software benutzt, die Casaleggio Associati entwickelt hat und die den Namen »Rousseau« trägt. Alle späteren parteiinternen Abstimmungen liefen über diese Software, die von M5S als Instrument der direkten Demokratie bezeichnet wird. Auch die Zustimmung der Basis zum Koalitionsvertrag mit der Lega im Mai 2019 wurde so eingeholt.

Denunziationen und Säuberungen

Di Maio wird im Februar 2013 Parlamentarier und zwei Wochen später zum Vizepräsidenten des Parlaments gewählt. Er bekleidet damit eines der höchsten Ämter im Staat und ist der jüngste Inhaber dieses Amtes in der Geschichte der Italienischen Republik. Di Maio entpuppt sich als sehr geschmeidiger Politiker, er entspricht den Erwartungen, die Grillo und Casaleggio in ihn gesetzt haben. Adrett gekleidet, perfekt frisiert, verbindlich im Ton, freundlich im Umgang, erinnert er am ehesten an die klassischen christdemokratischen Politiker. Zum einen verteidigt er die radikalen, umstürzlerischen Töne seiner Partei, zum anderen gibt er sich als moderater Politiker, der die Institutionen des Landes vor den Angriffen aus den eigenen Reihen in Schutz nimmt. Ein Balanceakt, der ihm bald den Ruf einbringt, das »institutionelle« Gesicht der Partei zu sein, die zivilisierte Seite der M5S. Für welche Überzeugungen Di Maio steht, ob er überhaupt welche hat, wird nicht erkennbar. Er schafft es, in einem Gespräch etwas zu behaupten, die Behauptung zu relativieren, um diese Behauptung dann erneut aufzustellen und mit Verve zu verteidigen und sie am Ende wieder zu relativieren. Den Euro stellt er in Frage und will das als Beitrag zu einer nötigen Debatte verstanden wissen, er attackiert die Parteien mit revolutionärer Sprache, sagt aber, er wolle doch nur eine friedliche Revolution, ein besseres Land sei sein Ziel, er nimmt seine Parteigänger in Schutz, wenn sie Journalisten als »Speichellecker« und »Sklaven des Systems« beschimpfen, und sagt kurz darauf, das Problem sei nicht der einzelne Journalist, sondern die Politik der Verlage, die diese Medien besitzen. Er verteidigt die Tatsache, dass seine Partei im Europaparlament mit dem harten Brexiteer und eingeschworenen Feind der EU, Nigel Farage, in einer Fraktion sitzt, fügt aber relativierend hinzu: »Als bei der Konstituierung des Parlaments die europäische Hymne gespielt wurde, haben unsere Abgeordneten die Hymne mit der Hand am Herzen gesungen. Die Abgeordneten der UKIP haben sich demonstrativ umgedreht.«[96]

Di Maio vertritt alles und das Gegenteil von allem. Das hat er mit seinem Mentor Beppe Grillo gemein. Seine Reden sind meist ohne jeden logischen Zusammenhang, es sind Ausbrüche eines Wutbürgers. Betrachtet man es wohlwollend, kann man Di Maios häufige Positionswechsel, die Mehrdeutigkeiten und Widersprüchlichkeiten (und die seiner Mitstreiter) als Beleg dafür nehmen, dass er und seine M5S sich mit dem Eintritt ins Parlament 2013 erst neu orientieren mussten. Das konnte keine einfache Aufgabe sein, denn das Parlament ist für viele Anhänger und Aktivisten der M5S das Herz der verhassten politischen Klasse, ein liederliches Haus. In der Tat sind die Zahlen über die »Zuverlässigkeit« italienischer Parlamentarier verstörend. In der Legislaturperiode von 2013 bis 2017 – in der M5S zum ersten Mal ins Parlament einzog – hat es insgesamt 566 Partei- und Fraktionswechsel von Abgeordneten gegeben, daran waren 347 Parlamentarier beteiligt. Das bedeutet, dass 35,53 Prozent aller gewählten Parlamentarier mindestens einmal die Partei gewechselt haben, nachdem sie gewählt worden waren.[97] Im Artikel 67 der italienischen Verfassung steht: »Jedes Mitglied des Parlaments vertritt die Nation und übt sein Mandat ohne jede Bindung aus« – es kann also Partei und Fraktion wechseln, wie der Abgeordnete Luigi Compagna, der es in der Legislaturperiode von 2013 bis 2017 auf insgesamt neun Fraktionswechsel brachte. Compagna ist Rekordhalter und ein Symbol für die Pervertierung des freien Mandats, einer zentralen Institution der repräsentativen Demokratie.[98] Man muss sich nicht wundern, dass M5S solche Verhältnisse ändern möchte. Aber wie soll das gelingen? Als Vizepräsident des Parlaments sagt Luigi Di Maio auf die Frage, ob M5S das freie Mandat der Parlamentarier abschaffen will: »Wir wollen die repräsentative Demokratie nicht zerstören. Das ist eine falsche Vorstellung, die über uns verbreitet wird. Eine politische Partei tritt auf der Grundlage eines Programms an. Dieses Programm muss umgesetzt werden. Die Bürger sollen Möglichkeiten haben, das zu prüfen – und zwar auch während der Legislaturperiode. Wir schlagen zum Beispiel vor, dass Referenden gestärkt werden sollen. Für Politiker soll es einen *recall* geben, also einen Rückruf. Die Bürger sollen die Möglichkeit haben, einen Politiker wieder abzuwählen, wenn sie mit ihm nicht zufrieden sind. Auch vor Ende der Legislaturperiode.«[99] *Recall* – das klingt harmlos, es ist aber alles anderes als das, es würde das Land in einen Dauerwahlkampf führen. Für M5S ein Heimspiel.

Seit ihrer Gründung versetzt M5S ihre Anhänger in einen Zustand der permanenten Mobilisierung gegen die politische Klasse. Sie hat über ihre Kanäle im Internet jahrelang Kampagnen organisiert, die zum Ziel haben, Politiker der traditionellen Parteien zu diskreditieren. Sie versteht sich als revolutionäre Bewegung und will die Institutionen sturmreif schießen. Im Februar 2013 ist ihr durch ein spektakuläres Wahlergebnis der Einzug ins Parlament gelungen – der *recall*, von dem Di Maio sprach, ist die Fortsetzung der Kampagnen innerhalb der Institutionen, und er ist ein Mittel der Disziplinierung nach innen. Casaleggio – bis zu seinem Tod im Jahr 2016 – und Grillo üben eine eiserne Kontrolle über die eigenen Leute aus. Nach dem Wahlsieg von 2013 kommt es zu zahlreichen Parteiausschlüssen. Das geschieht auf unterschiedlichen Wegen. Manche Abgeordnete bekommen einen Brief von einem Anwalt, wonach sie das Symbol von M5S nicht mehr verwenden, nicht mehr im Namen der Partei sprechen und nicht mehr an Online-Abstimmungen teilnehmen dürfen. Manche bekommen nur eine schlichte Mail. Roberto Motta, ein altgedienter Aktivist aus Rom, erhält 2015 eine E-Mail mit folgendem Inhalt: »Es ist uns zu Ohren gekommen, dass Sie öffentlich das Wahlsystem, auf dem sich M5S zur Auswahl seiner Kandidaten stützt, kritisiert haben. Aus diesem Grund werden Sie mit sofortiger Wirkung von der Bewegung suspendiert!«[100] Dutzende M5S-Aktivisten werden binnen kurzer Zeit auf diese Weise rausgeworfen. »Es ist uns zu Ohren« gekommen, »uns ist gesagt worden …«, weitere Beweise braucht es nicht, eine Denunziation reicht. Es setzt eine regelrechte Hexenjagd gegen alle ein, die nicht auf der Linie sind, die von Grillo und Casaleggio vorgegeben wurde. Wer immer sich der Kontrolle der beiden entzieht, wer immer ihnen zu unabhängig erscheint, fliegt raus, manchmal nach einer hässlichen Kampagne.

Der Abgeordnete Massimo Artini aus Florenz etwa baut nach seinem Einzug ins Parlament einen Server für die interne Kommunikation der M5S-Parlamentarier auf, der nicht mit der Casaleggio Associati in Verbindung stehen soll. Das wird von Casaleggio sofort als Bedrohung erkannt. Die Macht dieses Mannes, der von niemandem gewählt ist und daher über keinerlei demokratische Legitimation verfügt, stützt sich ganz wesentlich auf die absolute Kontrolle der Daten und des Datenflusses innerhalb der M5S. Gegen Artini beginnt eine Kampagne im Internet, in der behauptet wird, er habe seine Spesenabrechnungen manipuliert.

Marika Cassimatis, die sich als Kandidatin des M5S für die Bürgermeisterwahlen in Genua zunächst durchgesetzt hat, trifft aus heiterem Himmel der Bannstrahl der M5S. Beppe Grillo schreibt in seinem Blog: »In meiner Eigenschaft als Garant von M5S habe ich, unter Berücksichtigung unserer Methoden, beschlossen, der Liste Genua mit der Kandidatin Marika Cassimatis das Recht zu entziehen, unser Symbol zu verwenden. Das tue ich, um das Image, die Werte und die Prinzipien unserer Bewegung zu bewahren. Mir ist nämlich mit entsprechenden Dokumenten versichert worden, dass viele, nicht alle, der 28 Mitglieder der Liste Genuas, die Bürgermeisterkandidatin miteingeschlossen, vor, während und nach den Online-Wahlen ein Verhalten an den Tag gelegt haben, das den Prinzipien der M5S widerspricht (…) Sie haben wiederholt und andauernd das Image der M5S beschädigt, indem sie ihren Sprecher und andere Mitglieder angegriffen und denunziert haben.«[101] Grillo legte »Beweise« für das Fehlverhalten von Cassimatis vor. Dazu gehörte die Tatsache, dass sie auf der Facebook-Seite von Federico Pizzarotti, dem Bürgermeister von Parma, einen Beitrag geliked hatte, Pizzarotti war zu dem Zeitpunkt von Grillo und Casaleggio bereits aus der Bewegung ausgeschlossen worden.

Noch beunruhigender ist, was mit den Aktivisten der

Meetup-Gruppe 878 geschah. Diese Gruppe hat sich in der Region Latium gebildet, ohne allerdings einen physischen Ort zu haben, an dem sich die Mitglieder treffen. Politisch zählt diese Gruppe zum rechten Spektrum und wendet sich in erster Linie gegen die Migrationspolitik der Regierung, die sie für viel zu nachgiebig hält. Eine Reihe von Persönlichkeiten, die nach wie vor eine größere Rolle in der Bewegung spielen, sind bei 878 aktiv gewesen – darunter Alessandro Di Battista, der Avatar von Casaleggio, der eine Zeit lang als möglicher Außenminister Italiens gehandelt wurde. Wenn es darum geht, die traditionellen Medien zu attackieren oder die Sozialdemokraten, ist die Gruppe 878 stets vorne mit dabei. Sie ist getrieben von den starken Anti-Establishment-Instinkten der Bewegung und fährt eine sehr harte Linie. Der Gründer dieser rund 500 Mitglieder zählenden Gruppe ist Ernesto Leone Tinazzi. Eine Zeit lang gehört er zu den einflussreichsten Meinungsmachern der M5S, ein Influencer nach dem Geschmack Casaleggios. Tinazzi berichtet, dass zu Beginn hinter allen Online-Aktivitäten der Gruppe auch reale Personen gestanden hätten.[102] Doch nach und nach hätten virtuelle »Personen« eine Rolle gespielt, also Accounts und Websites, bei denen nicht mehr klar ist, ob Menschen dahinterstehen oder nicht. Die virtuelle Aushöhlung der Gruppe 878 wird laut Tinazzi von der Casaleggio Associati in Gang gesetzt und gesteuert. Schließlich wird Tinazzi und seiner Gruppe verboten, das M5S-Symbol zu benutzen. Sie sind draußen.

Gegenüber politischen Gegnern greifen Grillo und Casaleggio zu den übelsten Methoden der Denunziation und appellieren an die niederen Instinkte ihrer Anhänger. Das bekommt auch die Parlamentspräsidentin, Laura Boldrini, zu spüren. Die Linkspolitikerin hat M5S immer wieder kritisiert und sich damit den Zorn Grillos zugezogen. Ende Januar 2014 veröffentlicht er auf seiner Facebook-Seite einen kurzen Film, der einen jungen Mann im Auto zeigt. Auf dem Beifahrersitz ist ein Konterfei der Parlamentspräsidentin zu sehen. Grillo schreibt dazu: »Was würdet ihr tun, wenn ihr mit Boldrini alleine im Auto wärt?« Binnen kurzer Zeit füllt sich Grillos Seite mit sexistischen, gewalttätigen, vulgären Kommentaren. Grillo hat den Mob gezielt entfesselt, sein Beitrag ist ein kaum verhehlter Aufruf, Boldrini Gewalt anzutun. Damit ist der Bogen allerdings überspannt. Nach einem Sturm der Entrüstung in einem großen Teil der Öffentlichkeit macht M5S einen Rückzieher. »Wir distanzieren uns von den sexistischen Kommentaren auf Grillos Seite. Die Nachrichten sind nachts geschrieben worden, als es nicht möglich war, sie zu kontrollieren. Wir haben sie inzwischen gelöscht.«[103] Trotz dieses kleinlauten Eingeständnisses: Der Pranger war aufgestellt, von Beppe Grillo selbst. Jeder Politiker, jeder Parlamentarier weiß spätestens jetzt, wozu M5S fähig ist. Wenn Di Maio von *recall* spricht, ist allen klar, was das in der Praxis heißen kann: Denunziationen, Schauprozesse und Säuberungen nach stalinistischer Art.

So viel zu den Methoden der M5S. Wie aber ist es um ihre inhaltlichen Positionen bestellt? Bei M5S ist nichts fest gefügt, alles ist im Fluss, alles ist in einem magmatischen Zustand. Am Beispiel der Debatte über den Euro lässt sich das gut zeigen. Bis zum Jahr 2014 ist die Haltung der M5S dazu eindeutig und gleichzeitig auf typische Weise unklar. M5S sammelt Unterschriften für ein Referendum über den Euro. Grillo sagt auf Veranstaltungen immer wieder: »Ich persönlich würde den Euro verlassen, aber die Italiener sollen darüber abstimmen.« Er verschweigt, dass Referenden in Italien nur einen beratenden, keinen gesetzlich zwingenden Charakter haben. Nach den Europawahlen im Jahr 2014 ruft Grillo von den Bühnen, auf denen er auftritt: »Ich habe nie gesagt, dass wir den Euro verlassen sollen! Ich will den Euro nicht verlassen!« Luigi Di Maio hingegen sagt damals: »Den Euro verlassen, das bedeutet mehr Energie für uns, mehr Investitionen für die Unternehmen (...), weniger Steuern, weniger unserer Mitbürger würden zermalmt.« Sieben Monate später verkündet er, den Euro zu verlassen, das »wäre die Ultima Ratio. Aber ich glaube nicht, dass wir dahin kommen!« Im Frühjahr 2015 sagt er in London: »Wir sind gegen den Brexit, weil wir glauben, dass die EU eine Ressource sein kann. Eine ganz andere Sache ist der Euro.«[104]

Das alles könnte man als die Widersprüche einer jungen politischen Bewegung betrachten, die sich auswachsen werden – doch das sind sie nicht. Hinter den Mehrdeutigkeiten steckt System, das System Casaleggio. Festlegungen sind ihm ein Gräuel, weil sie dem Geschäft schaden, und das Geschäft ist der Traffic auf den Websites der Bewegung. Als M5S 2013 ihr Programm für die Parlamentswahlen vorstellt, steht darin so gut wie kein Wort zum Thema Außenpolitik, Casaleggio hat darauf bestanden.[105] Es ist vom Gesichtspunkt des Marketings viel zu riskant, sich festzulegen, denn Casaleggio will flexibel bleiben.

In den ersten Jahren vertritt M5S Positionen, die man im weitesten Sinne als links bezeichnen könnte. Sie freut sich über die Wahl Barack Obamas zum Präsidenten, begrüßt mit Begeisterung die Aufstände des Arabischen Frühlings, jubelt während der Euro- und Finanzkrise über die Proteste gegen die Banken und die Finanzindustrie, unterstützt die Gegner des russischen Präsidenten Wladimir Putins, bezeichnet ihn als Auftraggeber des Mordes an der Journalistin Anna Politkowskaja, stellt sich auf die Seite von Anti-G8-Demonstranten, lobt den pazifistischen Präsidenten Uruguays, José Mujica, und bekennt sich zum Modell der skandinavischen Sozialstaaten. M5S wird deshalb insbesondere im Ausland lange als linkspopulistisch definiert, als eine Art 68er-Bewegung, die mit modernen Mitteln gegen das verrottete italienische Establishment und gegen den Kapitalismus kämpft; die Aktivisten der M5S als selbstlose Diener einer gerechten Sache. Sie selbst bezeichnen sich mehrfach als auferstandene Franziskanermönche, die bescheiden, aber entschlossen der allgegenwärtigen Gier der politischen Klasse entgegentreten wollen. Grillo: »Wir haben eigens den Tag des heiligen Franziskus als unseren Gründungstag gewählt. Politik ohne Geld. Respekt für die Umwelt und die Tiere. Wir sind die Verrückten der Demokratie!«[106]

Wie aber sieht es mit dem bescheidenen Leben der wiedergeborenen Franziskanermönche aus? Luigi Di Maio meldete 2013 bei den Steuerbehörden kein Einkommen an, 2015 waren es 98 471 Euro. Für »politische Aktivitäten im Territorium« – gemeint sind damit Parteiveranstaltungen in seinem Wahlkreis – gab er im selben Jahr 108 000 Euro aus. Alessandro Di Battista gab im Dezember 2016 an, er verdiene in einem Monat 10 257 Euro.[107] Roberto Fico gab in der ersten Legislaturperiode als Parlamentspräsident 15 000 Euro für Taxis aus, so hoch war in seiner Zeit vor der Politik sein Jahreseinkommen.[108] Nun haben diese Männer ihr Geld als Politiker redlich verdient, doch ihr Einkommen und ihr Gebaren stehen in einem eklatanten Widerspruch zu dem Bild, das sie von sich propagieren. Man kann das als lässliche Sünde betrachten, aber es ist mehr als das, es ist ein erstes Zeichen für eine Wandlung dieser Partei, die sich mit ihrem Eintritt in das Parlament im Jahr 2013 beschleunigte. Die Säuberungen innerhalb der Partei waren nur ein Vorgeschmack.

Nach dem Tod Gianroberto Casaleggios 2016 übernimmt sein Sohn Davide das Unternehmen und damit auch die Kontrolle über die Partei – ganz wie in einer monarchischen Erbfolge. In einem langen Interview, das Davide Casaleggio der Zeitschrift *Verità* gibt, skizziert er, in welche Richtung es mit M5S gehen wird: »Das Misstrauen der Bürger in die politische Klasse hat tiefe Wurzeln, und die Kluft zwischen den Palästen und dem realen Leben ist keine Neuigkeit. Trotzdem war die Methode der Repräsentation die bestmögliche Methode. Aber heute gibt es, dank des Netzes, außergewöhnliche Möglichkeiten der Beteiligung (…). Die Überwindung der repräsentativen Demokratie ist deshalb unvermeidlich (…). Es ist gut möglich, dass es in ein paar Jahren das Parlament in dieser Form nicht mehr geben wird.«[109]

M5S ist also ein Instrument in den Händen eines privaten Unternehmens, das sich zum Ziel gesetzt hat, die Institutionen der repräsentativen Demokratie zu schleifen. Die M5S-Aktivisten sind nur mehr Claqueure, eine willkürlich steuer- und einsetzbare Masse zur Verwirklichung dieses Ziels. Das Volk dient dabei nur als ein Instrument in der Hand einiger weniger Manipulatoren.

Bei M5S hatten sich, so Casaleggio, die neuen Verhältnisse schon durchgesetzt. »Die partizipative Demokratie ist dank ›Rousseau‹ schon Wirklichkeit!«[110] Im Dezember 2017 gibt sich M5S ein neues Statut. Darin ist die Rolle Rousseaus festgeschrieben. In Artikel 1 des Statuts steht in etwas umständlicher Sprache zu lesen: »Die digitalen Instrumente (…) wie die Abhaltung von Abstimmungen, die Einberufungen der Organe des Vereins (M5S, Anm. d. A.), die Publikationen (...) werden alle über die Plattform ›Rousseau‹ organisiert und mit entsprechenden Abkommen mit dem Verein ›Rousseau‹ geregelt.«[111] Das bedeutet nichts anderes, als dass Davide Casaleggio sich mit dem Statut die absolute Kontrolle über die Partei sichert, ein Mann, der sich nicht einmal Wahlen gestellt hat und der auch keine offizielle Rolle in der Partei einnimmt. Davide Casaleggio ist jeder demokratischen Kontrolle entzogen. Er unterwirft die Parlamentarier der M5S und verpflichtet sie, 300 Euro im Monat an »Rousseau« zu zahlen, um – wie es heißt – die Kosten für den Betrieb zu decken. Immerhin laufen die gesamte interne Kommunikation und alle internen Abstimmungen und Befragungen über »Rousseau«. Die Beiträge der 331 Parlamentarier summieren sich pro Monat auf 99 300 Euro, die in die Kasse von »Rousseau« fließen.

Italienische Journalisten haben versucht, das Dickicht der Verquickung zwischen dem Unternehmen und der Partei zu durchleuchten, und sind auf ein verschachteltes System gestoßen, das schwer zu durchdringen ist. Unterm Strich bleibt die Erkenntnis, dass ausgerechnet M5S, die immerzu Transparenz verlangt, selbst diesen Ansprüchen nicht genügt. Der *Garante della Privacy*, also der Datenschutzbeauftragte der Regierung, hat Rousseau wegen seines laschen Umgangs mit Daten und seiner undurchsichtigen Praktiken ermahnt und schließlich mit einer Geldstrafe belegt. Hinter der hochtrabenden Rhetorik von der »partizipativen Demokratie« und der Dauermobilisierung des Volkes verbergen sich harte Geschäftsinteressen eines Unternehmens und eine Ideologie, die mit den bestehenden politischen Institutionen nicht vereinbar ist. Je näher die M5S der Regierungsmacht kommt, desto klarer kommt der autoritäre, der antidemokratische Charakter dieser Partei zum Vorschein.

Aufruf zum Aufstand

Im Herbst 2011 stellt sich ein Mann in das Zentrum der politischen Bühne, der kraft Amtes normalerweise eher am Rande des Geschehens steht, und greift tief und folgenreich in den politischen Betrieb ein: Staatspräsident Giorgio Napolitano. Zu dieser Zeit spitzt sich die Eurokrise dramatisch zu, Italien steht vor der Zahlungsunfähigkeit. Die europäische Zentralbank, die EU, die deutsche Bundeskanzlerin Angela Merkel, der französische Präsident Nicolas Sarkozy und vor allem auch Giorgio Napolitano üben Druck auf Ministerpräsident Silvio Berlusconi aus. Der reagiert darauf mit seinem Rücktritt: »Die Regierung hat nicht die Mehrheit, die wir zu haben glaubten. Wir müssen also diese Situation realistisch zur Kenntnis nehmen und uns um die Lage Italiens kümmern und um das, was auf den Finanzmärkten geschieht.«[112] Zuvor bringt er noch ein Reformgesetz durchs Parlament, das die Märkte beruhigen und Italien eine Atempause verschaffen soll. Dann räumt er seinen Sessel. Den Posten übernimmt Mario Monti, ein ehemaliger Wettbewerbskommissar der EU und geschätzter Wirtschaftsfachmann. Der Technokrat Monti setzt ein eisernes, für viele Italiener schmerzhaftes Sparprogramm durch. Damit rettet er Italien vor dem finanziellen Abgrund und wohl auch Europa vor einer schwer zu beherrschenden Finanz- und Wirtschaftskrise, seine harte

Hand wirkt allerdings auch wie ein Konjunkturprogramm für M5S. Grillo und seine Anhänger denunzieren Monti als einen Lakaien des internationalen Kapitals, als Büttel Frankreichs und Deutschlands, der Italien in die Schuldknechtschaft und damit in die Unterwerfung führen wird. Der spektakuläre Wahlsieg der M5S im Februar 2013 ist auch eine Reaktion auf Monti und die Kampagne gegen ihn – ein altes Problem Italiens ist sichtbar und politisch relevant geworden: die Schuldenlast.

M5S besteht darauf, als stärkste Einzelpartei vom Staatspräsidenten beauftragt zu werden, die Regierung zu bilden. Gleichzeitig lehnt die Partei aber jedes Kooperationsangebot anderer Parteien ab. Da M5S jahrelang gegen die *partitocrazia* agitiert hat, kann sie offenbar keine Kompromisse schließen – und will es auch nicht. Grillo sagt immer wieder, was er anstrebt: »Wir wollen 100 Prozent der Stimmen. Es geht nicht darum, ob eine Partei mehr Stimmen bekommt als eine andere. Wir wollen die gesamte Gesellschaft ändern. Wir wollen eine kulturelle Revolution.«[113] Wie viele Aussagen Grillos wird auch diese als typische Übertreibung des Marktschreiers abgetan, der um jeden Preis Aufmerksamkeit generieren will. Doch sind sie das wirklich? Das Verhalten der M5S nach ihrem Wahlsieg legt jedenfalls den Schluss nahe, dass es Grillo und seiner M5S mit der Revolution ernst ist. Die Sozialdemokraten suchen das Gespräch und sind sogar zu einer Koalition bereit. Eine M5S-Delegation setzt sich mit dem sozialdemokratischen Parteichef Pier Luigi Bersani an einen Tisch und besteht darauf, dass das Treffen als Livestream übertragen wird. Nichts dürfe mehr hinter verschlossenen Türen geschehen. Politik soll nach dem Willen der M5S gläsern sein. Bersani stimmt der Forderung zu, die »Verhandlung« wird im Netz übertragen, auch viele Fernsehstationen zeigen die wesentlichen Passagen. Millionen Italiener können sehen, wie die M5S-Vertreter einen Spitzenvertreter der »alten« Parteien vor aller Augen bloßstellen. Bersani legt etwas langatmig dar, warum er nach Gesprächen mit dem Staatspräsidenten die Verantwortung für eine Regierung übernehmen will. Das Land und die Sozialpartner erwarteten dies. Als Bersani M5S darum bittet, ein »kleines Stück Verantwortung mitzutragen«, antwortet die M5S-Sprecherin, Roberta Lombardi, die Bersani gegenübersitzt: »Ich bin 39 Jahre alt, ich wähle seit zwanzig Jahren. Ich höre das, was Sie sagen, immer und immer wieder. Und nichts hat sich geändert. Nichts. (…). Und im Übrigen müssen wir mit den Sozialpartnern nicht reden, denn wir *sind* die Gesellschaft.«[114] Ist es Überheblichkeit, Unerfahrenheit oder die Ausprägung von Grillos totalitär anmutendem Dogma: Ich will 100 Prozent! Die Gespräche scheitern, der Sozialdemokrat Enrico Letta wird mit der Regierungsbildung beauftragt. Sie gelingt, auch wenn die Koalition, auf die sie sich stützt, brüchig ist, da Letta in seiner eigenen Partei keine Hausmacht hat.

Da die Amtszeit des italienischen Staatspräsidenten im Mai 2013 endet, muss in jenem Jahr auch ein neuer Staatspräsident gewählt werden. Wieder spielt M5S eine destruktive Rolle. Nachdem zwei aufgestellte Kandidaten keine Mehrheit finden können, tritt der 87-jährige Giorgio Napolitano auf Bitten einer Reihe prominenter Politiker erneut an, obwohl er gesagt hat, er wolle auf Grund seines fortgeschrittenen Alters nicht mehr kandidieren. Napolitano wird zum zweiten Mal ins Amt gewählt. Wenige Tage später vereidigt er die neue Regierung unter Führung von Enrico Letta. M5S ist außen vor geblieben – aus eigenem Verschulden –, beginnt aber nun mit einer Kampagne gegen den Staatspräsidenten Napolitano. Er sei der letzte Wall, der die korrupte politische Kaste vor dem Volk schütze. Grillo spricht von einem Komplott gegen das italienische Volk und erinnert an die Rolle, die Napolitano beim Rücktritt Berlusconis im Herbst 2011 gespielt habe. Er behauptet, Napolitano sei der Ausführende eines Plans gewesen, der Italien in die Schuldknechtschaft führen und seiner Souveränität berauben sollte. Berlin, Paris, Brüssel, die Banken, Finanzjongleure, die Ratingagenturen – sie alle seien an der Unterwerfung Italiens beteiligt. Napolitano habe schon damals diesen fremden Herren gedient und das italienische Volk verraten. Und jetzt tue er es wieder, indem er M5S von der Regierung ausschließe. Die Propagandamaschine läuft auf Hochtouren. »Das Volk« habe im Netz sein Urteil schon gesprochen: Schuldig!

Im Dezember 2013 kündigt Beppe Grillo an, dass M5S im Parlament eine Amtsenthebungsklage gegen Napolitano einbringen werde. »Dieser Herr hat drei, vier Mal die Verfassung gebrochen. Er spielt mal den Ministerpräsidenten, er hat eine Regierung gebildet und am nächsten Tag die stärkste Partei informiert (...), auch wenn wir keine Chance haben, werden wir eine Klage zu seiner Amtsenthebung einreichen!« Auf Nachfrage eines Journalisten, ob M5S denn auch aus dem Euro ausscheiden wolle, antwortet Grillo: »Meine persönliche Meinung ist, dass wir austreten sollten, aber das ist meine Meinung. Wir werden ein Referendum abhalten!« Der Journalist unterbricht ihn »... das aber gesetzlich nicht bindend ist!«, und Grillo antwortet: »Man kann alles machen, alles, alles!«[115] Wer das Volk auf seiner Seite hat, der könne alles ändern, alle Regeln, alle Gesetze, alle Institutionen, so ist die Kernbotschaft Grillos und seine tiefste Überzeugung.

Grillo hat seit seinem Erscheinen auf der politischen Bühne immer wie ein Umstürzler gesprochen. Er verbarg das geschickt hinter der Maske des Komikers, des Marktschreiers, der das Publikum unterhält. Fragt jemand nach, wie er es mit seinen extremistischen Aussagen genau meint, zieht er sich darauf zurück, dass doch alles nur ein Scherz gewesen sei. Doch die Säuberungen innerhalb der M5S, die Denunziationen, das öffentliche Anprangern, die gewalttätige Sprache, die rasende Kontrollwut, die autoritäre Führung – das alles sind frühe und deutliche Zeichen von Autoritarismus. Sehr lange gelang es M5S, sich als eine Bewegung zu verkaufen, die »weder rechts noch links«, die etwas ganz und gar Neues ist. Erst als M5S kurz davorsteht, die Regierung zu übernehmen, zerstieben die Illusionen, die man sich über diese Partei hätte machen können.

M5S erhält bei den Parlamentswahlen im März 2018 32 Prozent – so viel wie keine andere Partei. Luigi Di Maio meldet daraufhin sofort seinen Machtanspruch an, was vollkommen legitim ist. Die stärkste Partei hat zwar nicht das verbriefte Recht, aber doch den politischen Anspruch, vom Staatspräsidenten mit der Regierungsbildung beauftragt zu werden. Eine Zeit lang glauben viele Beobachter noch, dass M5S mit den Sozialdemokraten eine Regierung bilden würde, was nachvollziehbar scheint, denn sie möge zwar etwas seltsam sein, aber irgendwie doch eine linke Partei, demokratisch und im weitesten Sinne liberalen und aufklärerischen Werten verpflichtet. Niemals, heißt es in den Tagen nach der Wahl, niemals wird M5S mit der Lega von Matteo Salvini eine Koalition bilden, die sei zu fremdenfeindlich, zu rechtsextrem. Doch dann geschieht genau das. Luigi Di Maio und Matteo Salvini einigen sich auf ein gemeinsames Programm, und zwar ziemlich schnell. Bei genauerer Betrachtung ist das nicht überraschend. Das zentrale politische Thema beider Parteien ist die Migration – und da gibt es zwischen Grillo, Casaleggio und Salvini schon lange vor der Koalitionsregierung eine große Übereinstimmung.

Im September 2014 veröffentlicht Grillo eine Reihe von Posts mit dem Hashtag #tbcnograzie. In einem Post schreibt ein gewisser Igor Gelarda, der als Generalsekretär der Polizeigewerkschaft Consap S.p.a. vorgestellt wird: »Wir haben eine Sammelklage gegen das Innenministerium lanciert. Was ist geschehen? Tausende meiner Kollegen der Polizei, aber auch der Carabinieri und anderer Ordnungshüter, haben bei der Aufnahme von Migranten ihren Dienst getan. Diese Migranten kommen aus Orten, wo es bestimmte Krankheiten noch gibt, die in Italien aber völlig verschwunden waren. Dazu zählt die Tuberkulose (…) vierzig Polizisten sind positiv auf Tuberkulose getestet worden.«[116] Einen Tag später meldet sich Grillo zu Wort. »Es gibt gegen die Tuberkulose keine Impfung für Erwachsene, sie überträgt sich über die Luft, und um sie zu behandeln, braucht es Jahre. Sie wollen die Tuberkulose wieder importieren! (…) Weil wir hier nicht als Rassisten gelten wollen, sind wir in der grotesken Situation, dass die afrikanischen Staaten ihre Grenzen wegen des Ebolavirus schließen (…), während wir die Türen weit offen halten ohne eine medizinische Prüfung der Leute, die von wer weiß woher zu uns kommen. Immer wieder wird gesagt, die Italiener als ein Volk von Migranten sollten jeden, der ins Land kommt, aufnehmen und verstehen. Das sind lustige Bemerkungen, die von den linken *radical chics*[117] gemacht werden, die niemals die Rechnung bezahlen.«[118] Wissenschaftliche Beweise für diese Behauptungen gibt es nicht, auch Grillo liefert keine. Doch darum geht es nicht, es geht ihm um Stimmungsmache. Igor Gelarda fährt bald nach seinem Post nach Mailand und trifft sich dort mit Gianroberto Casaleggio. Er wird nach den Wahlen im März 2018 zur Lega von Salvini wechseln – inhaltlich ist das kein großer Schritt.

Wer immer noch glaubt, dass M5S in der Migrationspolitik liberaler als die Lega ist, wird im Sommer 2018 endgültig eines Besseren belehrt. Im Juli legt das italienische Küstenwachschiff U. Diciotti im Hafen von Catania an. Es hat 177 Migranten und Flüchtlinge an Bord, die es im Mittelmeer vor dem Ertrinken gerettet hat. Salvini verweigert ihnen, an Land zu gehen. Dem M5S wohlgesinnte Beobachter erwarten nun endlich Widerstand der »linkspopulistischen« M5S gegenüber dem harten Rechtspopulisten Salvini – der »linke« Flügel von M5S würde aufmucken, sind sie sicher. Aber niemand in der M5S protestiert. Das Gegenteil geschieht, Salvini bekommt vom Koalitionspartner volle Unterstützung. Als die zuständige sizilianische Staatsanwaltschaft von Agrigent gegen Innenminister Salvini ein Verfahren wegen Freiheitsberaubung eröffnet, rettet M5S ihm den Kopf. Damit das Gericht formal Anklage erheben kann, muss eine Parlamentskommission die Immunität des Abgeordneten Salvini aufheben, wozu jedoch die Stimmen der M5S nötig sind. Doch M5S weigert sich, nicht ohne allerdings über die berüchtigte Plattform »Rousseau« die Mitglieder befragt zu haben. Der Anschein von direkter Demokratie muss gewahrt bleiben. 59,1 Prozent der M5S-Mitglieder stimmen dafür, Salvinis Immunität nicht aufzuheben. Di Maio erklärt daraufhin: »Die Entscheidungen der Regierung tragen wir gemeinsam!«[119] Das war keine Zustimmung aus taktischen Überlegungen, das war eine Zustimmung aus Überzeugung. Die ideologische Nähe zwischen den Führern der M5S und Salvini ist wesentlich älteren Datums. Jahre bevor Innenminister Salvini drohte, die Roma in Italien zählen zu lassen, schrieb Beppe Grillo auf seinem Blog: »Ein Land kann nicht über die Mittel leben, die es hat. Ein Land kann nicht die Probleme auf seine Bürger abladen, die Zehntausende Roma schaffen, die nach Italien kommen. (...) Sie sind ein Vulkan, eine Bombe, man muss sie entschärfen. (...) Es gab eine Zeit, da waren die Grenzen heilig, die Politiker haben sie entweiht!«[120] Und im Eintrag vom 1. Mai 2011 steht zu lesen: »20 000 Tunesier sind nach Italien gekommen, von den meisten weiß man nicht, wo sie geblieben sind. Wenigen ist es gelungen, nach Frankreich zu gehen. Sie wandern über die Halbinsel, ohne ein Wort Italienisch zu sprechen. In keinem Staat wäre das erlaubt, aber in unserem ist es erlaubt. Das Motiv ist einfach. Sie sind für die Unternehmensprofite nützlich, den Parteien sind sie nützlich und der Mafia. Der Illegale ist vielfach einsetzbar wie ein Schweizermesser!«[121] Die Kernbotschaft der M5S ist dieselbe wie die der Lega Matteo Salvinis: *Italians first!* – und zwar lange bevor Salvini die ehemals separatistische Partei Lega Nord zur nationalistischen Partei gemacht hat.

Noch in der Opposition bringen M5S und Lega gemeinsam das Gesetz zum sogenannten Ius soli zu Fall, das unter einer Reihe von Auflagen Menschen, die in Italien geboren sind, die Staatsbürgerschaft zuerkennen sollte. Das Ius soli war eines der zentralen Integrationsprojekte der sozialdemokratischen Regierung und beschäftigt sich mit der Frage, wie Menschen, die nach Italien kommen, einen legalen, sicheren Platz im Land finden können. Doch M5S und Lega konzentrierten sich, wie alle anderen rechtspopulistischen Parteien Europas auch, ausschließlich auf die Außendimension der Migration, auf den Schutz der Grenzen. Nach ihrem Regierungsantritt wird schnell klar, dass M5S dem Lager der Souveränisten zuzurechnen ist, eine etwas modernere Ausdrucksweise für Nationalisten, für die als oberstes Primat die Nation zählt. Während der Debatte um das Küstenschiff U. Diciotti verknüpft Vizepremier Luigi Di Maio die Migration auf eine für ihn sehr typische Weise mit der Europäischen Union: »Wenn es keine Verteilung der Migranten der U. Diciotti in Europa gibt, dann werden M5S und ich nicht mehr bereit sein, jedes Jahr 20 Milliarden Euro nach Brüssel zu überweisen!«[122] Drohungen sind Teil des Standardrepertoires der M5S, sie sind Teil ihrer Politik – und gedroht wird immer mit dem Volk, mit seiner Wut und seinem Zorn. M5S präsentiert sich als *die* Vertreterin des gesamten Volkes, auch wenn sie nicht mehr als 32 Prozent bekommen hat. Auch das ist das klassische Muster der Populisten: Wir, und nur wir, sind das Volk. Programmatisch fügt sich M5S nahtlos in das Lager der europäischen Nationalisten ein, doch es gibt Besonderheiten, die äußerst beunruhigend sind. Die eine ist die bereits beschriebene Tatsache, dass die Partei de facto in den Händen eines Unternehmers liegt, die andere ist die Aggressivität, mit der sie die Institutionen der Italienischen Republik attackiert.

Rückblende. Am 27. Mai 2018 tritt Staatspräsident Sergio Mattarella von der Partito Democratico mit einer dramatischen Nachricht vor die Presse. Die Regierungsbildung ist im letzten Moment an seinem Widerstand gescheitert. M5S und Lega hatten ihm die Liste der vorgeschlagenen Minister vorgelegt, auf der ein gewisser Paolo Savona stand. Er sollte Wirtschaftsminister werden, ist aber ein bekannter Gegner des Euro. Immer wieder hatte er in der Vergangenheit gefordert, dass Italien den gemeinsamen Währungsraum verlassen solle. Seine Nominierung wäre ein verheerendes Signal an die EU und die Finanzmärkte gewesen. Das ohnehin tief verschuldete Land würde so erneut in schwere Turbulenzen geraten. Mattarella verweigert M5S und der Lega die Zustimmung zu der Personalie Savona und verlangt einen anderen Kandidaten für das Wirtschaftsministerium. Seine Worte lassen an Klarheit nichts zu wünschen übrig: »Ich habe verlangt, dass man jemanden nominiert, der nicht als Unterstützer einer Linie gilt (…), die möglicherweise oder sogar notwendigerweise den Austritt Italiens aus dem Euro zur Folge hat. (…) Die Unsicherheiten in Bezug auf unsere Haltung gegenüber dem Euro haben die Investoren und Sparer alarmiert, italienische wie ausländische, die in unsere Staatstitel investiert haben. Die steigenden Zinsaufschläge (…) haben die Schulden der öffentlichen Hand erhöht. Das verringert den Handlungsspielraum des Staates. (…) Es ist meine Pflicht, bei der Nominierung der Minister auch darauf zu achten, dass die italienischen Sparer geschützt sind.«[123]

Bis zu diesem Tag galt Mattarella als grauer Staatsnotar, pflichtbewusst, zuverlässig, aber ohne jedes Charisma, und plötzlich ist er auf Konfrontationskurs gegangen – unmissverständlich. Der Präsident sieht Gefahr im Verzug, für sein Land, seine Bürger und für die Europäische Union. Er macht von seinem Recht Gebrauch, das ihm die Verfassung gibt, und blockiert Savona, nicht die Koalition als Ganzes. Er weiß, dass er vorsichtig sein muss, denn trotz seiner eindeutigen Kompetenzen darf er sich nicht einfach über die Mehrheiten im Parlament hinwegsetzen. Es ist ein schmaler Grat, den er betritt. Dem Statement sind Gespräche Mattarellas und seiner Berater mit der Delegation M5S vorangegangen, die von Di Maio angeführt wurde. Das Klima ist nach Berichten von Insidern eisig, der Staatspräsident verbirgt seine Sorge nicht. Das ist nicht verwunderlich. Ihm gegenüber sitzen Politiker der M5S, die die Fundamente der italienischen Nachkriegspolitik immer wieder in Frage gestellt haben, den Euro, die Mitgliedschaft in der EU, die Rolle in der Nato. Nun soll diese Partei an die Regierung kommen, Mattarella muss nur noch grünes Licht geben. Doch er hatte Zweifel und stellte seinen Beratern sehr konkrete Fragen über die Struktur von M5S: »Wem gehört M5S wirklich? Wer führt sie? Wer garantiert ihre Beständigkeit? Was macht Davide Casaleggio in der Partei? Welches Gewicht hat er? Was ist seine wirkliche Rolle im Verhältnis zu Di Maio? Wie wichtig ist seine Meinung?«[124] Mattarellas Neugier hat ihre guten Gründe. Der Datenschutzbeauftragte der Regierung hatte schon mehrmals schwere Bedenken wegen des Umgangs von Casaleggio Associati mit den Daten der M5S geäußert und wegen wiederholter Verstöße Geldstrafen gegen den Verein »Rousseau« ausgesprochen. Mattarella liegen auch Berichte der Sicherheitsdienste vor. Sie haben die Kontakte von M5S zu Wladimir Putins Russland, zu Nicolás Maduros Venezuela und zum Brexiteer Nigel Farage unter die Lupe genommen. Sie finden keine Belege für eine Verschwörung, aber das Netzwerk allein ist schon besorgniserregend. Wo steht M5S wirklich?

In den ersten Jahren ihrer Existenz war diese Partei nicht leicht einzuordnen. Sie hat einen schillernden, oszillierenden Charakter. Das liegt an den vielen Tausend Aktivisten, die aus völlig unterschiedlichen Richtungen kommend zur

Partei fanden. Viele, sehr viele sind nie zuvor politisch aktiv gewesen, engagierten sich aber auf gesellschaftlicher Ebene. Manche kommen von rechts, manche von links, manche aus der Mitte – und alle zusammen erscheinen sie eine Zeit lang als ein anarchischer, kreativer Haufen. Doch Gianroberto Casaleggio formt M5S und drückt ihr immer stärker seinen Stempel auf. Er setzt seinen Willen durch, mit allen ihm zur Verfügung stehenden Mitteln. Er will beispielsweise nach den Europawahlen 2014, dass M5S gemeinsam mit der UKIP, der Partei von Nigel Farage, eine Fraktion bildet. Den Europa-abgeordneten, die ihre Zustimmung verweigern, droht er mit dem Parteiausschluss. Am Ende sprechen sich 78 Prozent für ein Zusammengehen mit der UKIP aus – das Ergebnis liefert natürlich »Rousseau«. Farage und Casaleggio kennen sich persönlich, im Januar 2015 reist der Brite gemeinsam mit einigen Mitstreitern nach Mailand. Die UKIP-Delegation will sich erklären lassen, wie es Casaleggio gelungen ist, M5S quasi aus dem Nichts so erfolgreich zu machen. Sie sind vor allem an seiner digitalen Strategie und dem Aufbau seiner Plattformen interessiert.

Kein Wunder also, dass im italienischen Präsidentenpalast alle Alarmglocken schrillen, als M5S und Lega im Mai 2018 die Liste der Minister präsentieren und sich auf dieser der Eurogegner Paolo Savona findet. Nigel Farage und seine UKIP haben zwei Jahre zuvor mit einer ausgefeilten, rücksichtslosen Kampagne eine Mehrheit der Briten dazu gebracht, für den Austritt ihres Landes aus der EU zu stimmen. Könnte es sein, dass M5S einen Italexit ohne Referendum plant? Ist die Nominierung Savonas der Vorbote? Weder Lega noch M5S wollen Mattarellas Zweifel zerstreuen, sie beharren auf Savona, trotz der deutlichen Signale aus dem

Präsidentenpalast. Mattarella sieht keine andere Möglichkeit mehr und zieht die Notbremse.

Jetzt erst wird der Charakter der M5S voll umfänglich sichtbar. Es beginnt eine Kampagne gegen das höchste Amt im Staat, wie sie Italien in der Nachkriegszeit noch nicht gesehen hat. Di Maio setzt kurze Zeit nach Mattarellas Statement eine Videobotschaft auf Facebook ab. Es ist ein achtminütiger Wutausbruch: »Sagt es uns einfach! Sagt uns die Wahrheit! Es ist sinnlos, dass wir wählen gehen, denn wer regiert, das entscheiden die Ratingagenturen, das entscheidet die internationale Finanzlobby. (…) Der entscheidende Punkt ist nicht ein Name, der Punkt ist: Ist Italien souverän oder nicht? Wir glauben, dass Italien souverän ist. Italien gehört dem Volk.«[125]

Und er schloss mit den Worten: »Das wird nicht hier enden!« In wenigen Minuten wurde das Video 250 000 Mal geteilt, in den folgenden zwölf Stunden wird es auf mehr als zwölf Millionen Facebook-Profilen erscheinen, sieben Millionen Mal wird es heruntergeladen. Über Twitter ergießt sich ein Shitstorm über den Staatspräsidenten. Mattarella wird aufs Übelste beschimpft und bedroht. Einer schreibt: »Wir sollten ihm dasselbe Ende wie seinem Bruder bereiten!« – Mattarellas Bruder ist von der Mafia ermordet worden. Am Tag darauf setzt Di Maio eine weitere Videobotschaft ab. Diesmal in Krawatte und Anzug, im Hintergrund die italienische Trikolore. »Gestern haben wir die dunkelste Nacht der italienischen Demokratie erlebt. Präsident Mattarella hat seine von der Verfassung gegebenen Kompetenzen überschritten. (…) Alle Voraussetzungen für eine Klage zur Amtsenthebung des Präsidenten sind gegeben. (…) Wir werden sie ins Parlament einbringen. (…) Wir müssen uns laut und vernehmbar äußern und gegen die Arroganz der Institutionen protestieren, die sich in ihren Palästen einschließen und das Volk aussperren. Ich werde von meinem Balkon die Trikolore hängen, und ich bitte euch, es mir gleichzutun, nehmt die italienische Fahne und hängt sie vor eure Fenster, und wenn ihr keine habt, dann kauft eine. (…) Ich rufe euch alle auf, am 2. Juni, dem Fest der Republik, nach Rom zu kommen, um zu demonstrieren. Nehmt die Trikolore in die Hand und kommt. (…) Die Italiener haben ein Recht darauf, dass sie selbst ihre Regierung stellen, nicht die Banken, nicht die Ratingagenturen, nicht die deutschen Interessen. (…) Die Zeit ist gekommen, uns zu mobilisieren! Ich bitte euch, hängt die Trikolore vor eure Fenster und füllt die sozialen Medien mit dem italienischen Stolz, mit #ilmiovotoconta. Wir werden regieren: Das ist ein Versprechen!«[126]

Das ist ein Aufruf zum Volksaufstand gegen den Präsidenten der Republik, nicht mehr und nicht weniger. Der sonst immer so freundliche Herr Di Maio spricht die Sprache eines Putschisten, die Rede weckt ungute Erinnerungen. Wenn Di Maio die Italiener aufruft, »nach Rom zu kommen«, um der »Arroganz der Institutionen« zu begegnen, dann ist das ein eindeutiger Verweis auf Mussolinis Marsch auf Rom. Der Faschistenführer inszenierte diesen 1922 und drohte mit Gewalt und Aufstand. Die Institutionen Italiens, allen voran der italienische König, leisteten keinen Widerstand, sie gingen vor den Drohungen Mussolinis in die Knie. Im Frühjahr 2018 fehlte es nicht an Einschüchterungsversuchen. Bereits Tage vor Mattarellas Entscheidung hatte der Vater des prominenten M5S-Politikers Alessandro Di Battista, Vittorio Di Battista, auf seiner Facebook-Seite eine Nachricht an den Präsidenten geschrieben: »Ich gebe Ihnen einen Rat zum Nulltarif. Lesen Sie nach, was nach dem Sturm auf die Bastille geschehen ist. Als das Volk von Paris dieses riesige Gebäude erstürmte und zerstörte, von diesem Symbol der Perfidie der Macht blieben nur mehr Trümmer übrig, Ziegelsteine, die später verkauft wurden und Steinmetze in der Provinz reich gemacht haben. Der Quirinalspalast ist mehr als die Bastille, er hat Gemälde, Teppiche, Wandteppiche und Statuen. Wenn das wütende Volk ihn angreifen würde, gäbe es viel mehr als nur Ziegelsteine zu holen.«[127] Vittorio Di Battista ist sein Leben lang ein bekennender Faschist geblieben, seine Freunde haben ihm deshalb den Spitznamen Littorio verpasst, *Liktorenbündel* – das Symbol des italienischen Faschismus.

All das geschieht nur, weil der italienische Präsident von einem Recht Gebrauch macht, das ihm die Verfassung gibt. Mit keinem einzigen Wort hat Mattarella gesagt, dass M5S nicht regieren dürfe. Im Gegenteil, er hat bei allen Zweifeln und Nachfragen immer klargemacht, dass M5S durch den Wahlsieg sein erster Ansprechpartner sein würde. Die Mehrheit, die sie bekommen habe, gebe ihr das Zugriffsrecht auf die Macht. Für ein Amtsenthebungsverfahren gibt es dagegen keinerlei Grundlage. Aber M5S wähnt sich so nahe am Ziel, dass sie ihre Gier nicht mehr zügeln kann und ihren Charakter damit endgültig offenbart.

Am 2. Juni 2018 kommt es zu der von Di Maio angekündigten Massendemonstration in Rom, doch es ist kein Volksaufstand – dafür gibt es keinen Grund mehr, die schwere Krise hat sich in Luft aufgelöst. Grund dafür ist Matteo Salvini. Er verstand, dass ein Amtsenthebungsverfahren gegen Mattarella einem politischen Selbstmord gleichkäme, und verweigerte M5S die Unterstützung. Ein Kompromiss wurde geschlossen. Savona wird nicht Wirtschaftsminister, bleibt aber in der Regierung, auf dem bedeutungslosen Posten des Europaministers. M5S akzeptiert dies, und Di Maio bläst zum geordneten Rückzug. Die Protestveranstaltung, der angekündigte Sturm auf die Bastille, wird in ein Fest umbenannt. Es gab ja jetzt etwas zu feiern: M5S regiert zum ersten Mal Italien. »Wir werden regieren. Das ist ein Versprechen!«, hat Di Maio gesagt, nun ist es eingelöst. Alle frisch vereidigten M5S-Minister sind auf der Bühne. Einer nach dem anderen wird »dem Volk« vorgestellt. Doch der Star des Abends ist der Hexenmeister der italienischen Politik, Beppe Grillo. Die Dunkelheit ist schon hereingebrochen, als er endlich auf die Bühne tritt. »Ruhe!«, ruft Grillo. »Könnt ihr für ein paar Sekunden ruhig sein? Ruhe! Ruhe!« Unter den Tausenden, die sich an der Bocca della Verità im Herzen Roms versammelt haben, breitet sich Stille aus. Welchen Scherz hat sich der Gründer der M5S wohl ausgedacht? Grillo zieht ein Glöckchen hervor, klingelt, lauscht, klingelt: »Hört ihr das?«, haucht er ins Mikrofon. Wieder klingelt er. »Hört ihr das?« Ein Raunen geht durch die Menge. »Diese Glocke sagt euch: Ein neues Zeitalter ist angebrochen!«

Wenn Gefühle die Politik beherrschen

Im Frühjahr 2019 kam Matteo Salvini auf Wahlkampftour in die Stadt Forlì in der Emilia Romagna. Rund zwanzig Kilometer entfernt liegt Predappio, Benito Mussolinis Geburtsort. Es regnete in Strömen, als Salvini ankam, dennoch waren Hunderte gekommen, um ihn zu sehen. Man empfing den Innenminister im Rathaus, der auf den Balkon des Rathauses trat und zu der auf dem Platz wartenden Menge sprach. Damit brach er ein Tabu, denn von diesem Balkon aus hatte Mussolini mehrere Reden gehalten. Hier hatte er auch einer Hinrichtung von Partisanen beigewohnt, die er selbst befohlen hatte. Seit Kriegsende hatte kein Politiker mehr von diesem Balkon aus Reden gehalten – aus Respekt vor den Opfern der Diktatur. Als Salvini darauf angesprochen wurde, verwies er auf eine Entscheidung der Organisatoren der Veranstaltung.[128]

Wenige Tage zuvor war ein Interviewbuch mit Salvini von Francesco Polacchi in der Altaforte Edizioni erschienen, deren Verleger ein bekannter Faschist und Koordinator der Organisation »CasaPound« in der Lombardei ist. Deren Mitglieder nennen sich selbst stolz »Faschisten des dritten Jahrtausends«. Als Salvini für seine Entscheidung, in diesem

Verlag zu publizieren, kritisiert wurde, ließ er über seine Pressestelle ausrichten: »Salvini hat kein Buch geschrieben, er hat lediglich der Journalistin Chiara Giannini ein langes Interview gegeben. Er hat keinen Vertrag und keine Vereinbarung mit dem Verlag geschlossen. Das war eine freie Entscheidung der Autorin.«[129]

2019 boykottierte Salvini die Feierlichkeiten zum 25. April, an dem Italien an die Befreiung vom Faschismus erinnert. Salvini bezeichnete die Feierlichkeiten als ein »Derby« zwischen Kommunisten und Faschisten, an dem er sich nicht beteiligen wolle. Beppe Grillo hatte schon 2013 davon gesprochen, dass dieser Feiertag tot sei, mausetot. Und sein Weggefährte Gianroberto Casaleggio sprach davon, dass man die »Akteure von damals nicht dämonisieren«[130] dürfe. Kein Regierungspolitiker in der Nachkriegszeit hatte es bisher gewagt, den Feierlichkeiten zum 25. April fernzubleiben und über diesen Tag zu spotten. Wann immer Salvini auf den Faschismus angesprochen wird, antwortet er: »Der Faschismus ist schon längst Geschichte«[131] – und fährt dann unbeirrt fort, sich aus dem symbolischen Arsenal ebendieser Geschichte rhetorisch zu bedienen.

Man muss sich also nicht wundern, wenn sich viele fragen, ob in Italien ein neuer Faschismus droht. Doch diese Frage ist müßig, zu sehr ist sie in die Vergangenheit gerichtet. Unbestreitbar ist, dass in der gegenwärtigen politischen Lage viel von der düsteren Zeit durchscheint – doch die Politiker der italienischen Gegenwart haben einen allzu innovativen, einen allzu modernen Charakter, als dass die Geschichte helfen könnte, sie in ihrer Originalität zu fassen. Das gilt für Silvio Berlusconi, das gilt für Matteo Salvini, das gilt auch für Beppe Grillo. Ohne Fernsehen kein Berlusconi, ohne Internet kein Grillo und ohne YouTube kein Salvini. Sie haben nichts Neues hervorgebracht, sie nutzen das, was sie vorfinden. Dazu gehören die Ängste und Sorgen der Italiener ebenso wie ihre Wünsche und Hoffnungen, dazu gehören die modernen Mittel der Kommunikation, wie die sozialen Medien, kombiniert mit den klassischen Mitteln politischer Organisationen wie einem funktionierenden Parteibüro. Dazu gehört aber auch der im Vergleich zu den dreißiger Jahren veränderte internationale Kontext. Die Europäische Union gab es damals nicht, an ihr reiben sich diese Politiker und gewinnen dadurch an Energie. Der Mix, den sie präsentieren, ist jeweils einzigartig. Ihre Wandlungsfähigkeit ist beachtlich, Salvinis Karriere vom Separatisten zum Nationalisten ist beispielhaft. Doch auch die M5S ist äußerst flexibel. Sie zog aus, um *la casta* zu bekämpfen, und wurde binnen kurzer Zeit selbst zu einer neuen politischen Klasse. Diesen Politikern ist mit dem Faschismusvorwurf nicht beizukommen. Salvini weiß das besser als jeder andere. In einem seiner YouTube-Filmchen zeigt er sich über den Dächern Roms. »Da hinten«, sagt er, »da hinten ist das wunderbare Stadtviertel EUR. Das ist von den Faschisten erbaut worden. Wenn ich jetzt darauf zeige, dann bin ich ein Faschist!«[132] Dann wirft er seinem Publikum lächelnd eine Kusshand zu, so leichtfüßig, so spöttisch entledigt er sich entsprechender Vorwürfe. Nein, die Frage nach dem Faschismus gibt vielleicht Hinweise, aber sie führt nicht weiter.

Es ist besser, etwas Distanz zu gewinnen, um den Fall Italien und seine Bedeutung für Europa einordnen zu können. Es lohnt sich, einen geografisch ferner gelegenen Beobachtungsposten einzunehmen, Peking zum Beispiel. Chinas Kommunisten sehen Italien durch die Brille ihrer

Großmachtinteressen. Aus diesem Blickwinkel betrachtet ist Italien eine riesige, natürliche Mole mit zahlreichen Anlegestellen, Häfen, in denen chinesische Waren gelöscht und dann auf die Märkte Zentral- und Nordeuropas weitertransportiert werden. Aber für Chinas Kommunisten gibt es seit dem Frühjahr 2018 auch Anlegestellen in den Palästen der römischen Macht, dort können sie politisch andocken. Italien ist das einzige große westliche Industrieland, das einzige G7-Mitglied und die einzige Gründungsnation der EU, die mit China ein Abkommen über die Neue Seidenstraße geschlossen hat, das weltumspannende Infrastrukturprojekt der chinesischen Kommunisten. Nun ist es das gute Recht Italiens, Verträge mit China abzuschließen und Geschäfte zu machen. Auch andere europäische Staaten tun das, allen voran Deutschland. Aber was heute aus großer Distanz als riesige Mole erscheint, erschien wenige Jahre nach dem Zweiten Weltkrieg wie ein riesiger Flugzeugträger. Zu Zeiten des Kalten Krieges war Italien von eminenter geostrategischer Bedeutung. Wer Italien kontrollierte, kontrollierte das Mittelmeer. Die USA taten als westliche Führungsmacht alles, um Italien im Lager des Westens zu halten. Der Kalte Krieg ging vor dreißig Jahren zu Ende, das Mittelmeer verlor an Bedeutung und damit auch Italien. Doch seit einigen Jahren erleben wir die »Rückkehr« des Mittelmeers als eine Bühne, auf der sich die großen Phänomene unserer Zeit entfalten. Migration ist das eine, Globalisierung das andere Phänomen. Italien rückt wieder in den Fokus – als geostrategischer Schwachpunkt, als weicher Bauch Europas.

Eine neue Schlachtordnung zeichnet sich ab. Die Europäische Union bezeichnet China offiziell als »Systemrivalen, der ein alternatives politisches Modell fördert«. China exportiert nicht nur Waren, sondern auch Autoritarismus in die Welt. Gleichzeitig gibt sich die Regierungskoalition aus M5S und Lega so antieuropäisch wie noch keine italienische Regierung seit Gründung der EU im Jahr 1957. Die Brisanz der Verbindung dieser Regierung zur Weltmacht China ist offensichtlich. Italien wurde nach 1945 fest im Westen verankert. Die Westbindung Italiens war das politische Projekt einer Generation, die die verheerenden Folgen des faschistischen Regimes am eigenen Leib erlebt hatte. Im Kalten Krieg wurde Italien auf quasi natürliche Weise zum Frontstaat des Westens mit zentraler strategischer Bedeutung. Nun befindet sich Europa wieder in einer Systemkonkurrenz, aber diesmal lässt die italienische Regierung Zweifel an ihrer Verlässlichkeit aufkommen. Wie fest und wie stabil ist die Westbindung dieser Regierung? Das ist eine ernste, eine besorgniserregende Frage. Sie stellt sich nur deshalb, weil in Rom Populisten regieren.

Es geht nicht nur um das Was – um die enge Kooperation mit China –, es geht auch um die Frage, wie sie zustande gekommen ist. Einem Mann namens Michele Geraci ist es im Alleingang gelungen, die Politik der italienischen Regierung nach Peking auszurichten. Geraci, Jahrgang 1966, ist studierter Elektroingenieur, versuchte sich in den USA als Investmentbanker, ging nach China, lernte die Sprache und wurde Professor an der University of Nottingham Ningbo in der Nähe von Shanghai. Als M5S und Lega im Mai 2018 eine Koalitionsregierung bildeten, wurde Michele Geraci Unterstaatssekretär im Ministerium für wirtschaftliche Entwicklung und Handel. Von diesem eher nachrangigen Posten aus gelang diesem Selfmademan etwas, das man eines Tages vielleicht als die kopernikanische Wende der italienischen

Außenpolitik bezeichnen wird, der Abschied Italiens vom Westen.

In populistischen Regierungen können Außenseiter schnell Karriere machen und wichtige Entscheidungen treffen, Michele Geraci ist ein Beispiel dafür. Es sind Regierungen, die eine grundsätzliche Skepsis gegenüber allem Etablierten empfinden, schließlich sind sie ja gewählt worden, um den Eliten den Garaus zu machen. Daher beschreiten sie neue Wege mit neuen Leuten. Brüssel, das ist für die Populisten die Hochburg der Elite. In der Heimstatt der »Eurokraten« suchen sie keine Partner, dort sehen sie nur Gegner, die sie bekämpfen wollen. Lega und M5S betonen immer wieder, sie seien durchaus Europäer, sie wollten nur ein anderes Europa. Aber ihre Freunde finden sie dann doch in den Hauptstädten der autoritären Staaten, in Moskau und Peking. Ein Zufall ist das nicht, denn dort herrschen ihre ideologischen Verwandten. Das Abkommen zwischen Italien und China ist dafür nur ein spektakulärer Beleg, die Reisen Salvinis nach Moskau ein anderer. Auch die anderen europäischen Populisten haben enge Kontakte nach Russland und/oder China, das gilt für den ungarischen Ministerpräsidenten Viktor Orbán, das gilt für die Präsidentin des Rassemblement National, Marine Le Pen, das gilt auch für die österreichische FPÖ, deren Chef Hans-Christian Strache über seine »russischen Kontakte« stürzte. Ihm wurde ein Gespräch mit einer angeblichen russischen Oligarchin zum Verhängnis. Der sogenannte Ibiza-Skandal mag ein besonders krasser Fall sein, doch er zeigt, dass Populisten Abenteurer sind. Die Gier nach Macht und noch mehr Macht treibt sie an. Auf sie ist kein Verlass.

Man kann den »Beobachtungsposten« für Italien auch etwas mehr in die Nähe verlegen, nach Brüssel zum Beispiel oder nach Berlin. Seit der Eurokrise erscheinen die Italiener aus deren Blickwinkel wie ungezogene Kinder, die nicht recht wissen, wie man mit Geld umzugehen hat. Sie schmeißen zum Fenster hinaus, was andere hart verdient haben. Diese Vorstellung hat sich, auch dank entsprechender Berichterstattung, tief in die Köpfe, insbesondere der Deutschen, eingenistet. Da ist viel Herablassung im Spiel, viel Besserwisserei und Ignoranz. Die strengen Sparmeister des Nordens sollten aber berücksichtigen, dass andere europäische Länder enorm von der Kreativität, dem Talent und dem Leistungswillen der italienischen Auswanderer profitieren. Es war in erster Linie der so viel gescholtene italienische Staat, der diese Menschen ausgebildet hat, bevor sie ins Ausland gingen.

Und es gibt noch einiges mehr, was in der Rede vom angeblich so liederlichen Italien untergeht: Laut einer Studie der Europäischen Zentralbank ist das durchschnittliche Vermögen der Italiener fast dreimal so groß wie das der Deutschen, nämlich 173 600 zu 51 400 Euro.[133] Auch die Schulden in ihrer Gesamtheit – Staat, Familien, Unternehmen – sind geringer als etwa die der Dänen oder Schweden. Der italienische Staat ist arm, die italienische Gesellschaft dagegen reich. Fakten wie diese spielen in der Debatte über Italien nur selten eine Rolle. Sie finden keinen Platz zwischen all den Vorurteilen, die sich längst zu Gewissheiten verfestigt haben.

Allerdings sind an dieser Entwicklung auch die italienischen Politiker schuld. Sie fahren nach Brüssel, um, wie sie seit Jahren sagen, »mit der Faust auf den Tisch« zu hauen. Brüssel ist für sie zur Bühne für kalkulierte Wutausbrüche geworden, immer mit Blick auf die Wähler zu Hause. Es ist für sie nicht der Ort, an dem man Koalitionen schmiedet, Partner sucht, Kompromisse schließt. Übung in Realismus, das ist keine Lieblingsübung italienischer Politiker. Parolen kommen ihnen leichter über die Lippen als Lösungsvorschläge.

Europäische Politik ist eine heikle, mitunter explosive Angelegenheit, weil jede Nation ihre eigene Geschichte hat. In Zeiten der Krise lässt sie sich immer noch politisch aktivieren – das zeigen die Wahlerfolge der Populisten in den letzten Jahren. Nationalgefühle sind auch mehr als sechzig Jahre nach Gründung der Europäischen Union noch nicht abgekühlt. Nicht nur, aber auch darum ist die Art, wie man übereinander redet, von größter politischer Bedeutung. Europäische Politik hat sehr viel mit gegenseitigem Respekt zu tun. Millionen Italiener fühlen sich in der Europäischen Union nicht respektiert, und wahrscheinlich sind sie nicht die Einzigen. Griechen, Spanier, Portugiesen, Ungarn, Slowaken und Angehörige anderer europäischer Nationen dürften diese Empfindungen teilen. Die Union, die sie erleben, ist nicht ihre Union, sondern ein Zwangsverein.

Es ließen sich viele Zahlen, Fakten und Statistiken ins Feld führen, die das Gegenteil beweisen. Doch dies hülfe nur wenig, denn es geht um ein Gefühl. Und das wird nicht, nur weil man ihm tagsüber mit Argumenten begegnet ist, über Nacht verschwinden. Gefühle sind das Ergebnis von Erfahrungen, und für Erfahrungen braucht es Zeit. Es hätte gewiss nicht geschadet, wenn man den Millionen Italienern, die in den letzten Jahren verzweifelt gegen den Abstieg in die Armut kämpften, mit etwas mehr Großzügigkeit begegnet wäre. Es hätte nicht geschadet, wenn man in Brüssel wie auch in Berlin immer wieder darauf hingewiesen hätte, dass die Italiener den Europäern trotz all der Schwierigkeiten immer noch viel geben. Man muss bei solchen Reden die Probleme nicht verschweigen – sie liegen offen auf der Hand: die Schwäche der Institutionen, die Unzulänglichkeit der politischen Klasse. Das sind die Kernprobleme Italiens. Das italienische Volk leidet darunter ebenso, wie Europa daran Schaden nimmt.

Italien kann nicht von der Europäischen Union »gerettet werden«. Doch die Selbstgewissheit, mit der die europäische Einigungsidee häufig vorgetragen wird, stößt viele Italiener ab, besonders jene, die in den letzten Jahren von den Früchten der Europäisierung nicht viel zu kosten bekamen und vor allem die Schattenseiten kennenlernten. Sie gewannen den Eindruck, dass es nur dieses eine Europa geben könne und man nur diesen einen Weg gehen dürfe, keinen anderen. Um es auf eine populistische Formel zu bringen: Entweder dieses Europa oder der Tod. Wie wenig das die Menschen zu beeindrucken vermag, das zeigt der Brexit. Eine Mehrheit der Briten entschied sich am 23. Juni 2016 dafür, die Union zu verlassen, obwohl man ihnen im Falle eines Austritts mit einer ganzen Reihe wüster Szenarien gedroht hatte. Angst wirkt nicht, das Versprechen auf Freiheit allerdings schon. Ausgerechnet Populisten wie Matteo Salvini und Beppe Grillo haben das verstanden.

Sehr viele Europäer haben seit Jahren das Gefühl, dass sie keinen Einfluss mehr auf Entscheidungen haben, die ihr Alltagsleben wesentlich prägen. Da ist der Euro, aus dem man nicht aussteigen darf, da ist die Migration, die man nicht kontrollieren kann, da ist die Globalisierung, die man auf die eine oder andere Weise erdulden muss. Eine Welt, in der man mehr ertragen muss als gestalten kann, ist düster, beengend und einschüchternd. Sie nimmt den Menschen buchstäblich die Luft zum Atmen. Und genau so haben viele Menschen offenbar die Europäische Union wahrgenommen. Natürlich haben die Populisten dieses Gefühl nach Kräften geschürt.

Salvini und Grillo haben eine klare Botschaft: Man sagt euch, ihr könnt nicht entscheiden. Unfug! Ihr habt eine Wahl! Ihr seid freie Bürger! Dann bauen sie Zäune, untergraben den Rechtsstaat und attackieren die freie Presse und führen das Land in die Schuldknechtschaft. Es ist ein Paradox: Die Feinde der Freiheit geben den Menschen das Gefühl, frei zu sein. Das ist kein Hirngespinst, das ist kein falsches Bewusstsein. Menschen atmen buchstäblich auf, wenn sie sich den Populisten anvertrauen. Sie fühlen sich von den Zwängen dieser komplexen Welt erlöst.

Natürlich ist das eine Selbsttäuschung. Die Welt wird nicht weniger kompliziert, nur weil man sich ihr verweigert. Natürlich bieten diese Politiker keine dauerhaften Lösungen an. Doch darum geht es zunächst einmal nicht. Es geht um das Gefühl, sich wieder entscheiden zu können, für diesen oder einen anderen Weg. Es geht um den Kern aller Politik: um Freiheit. Auch deswegen ist der Fall Italien ein europäischer Fall.

Dank

Ein Buch schreibt sich nicht alleine. Das gilt auch für dieses Buch. Wenn ich alle aufzählen würde, die mir geholfen haben, würde die Liste sehr lang – zu lang. Deswegen beschränke ich mich, aber niemand soll sich vergessen fühlen. Jedes Gespräch, jedes Interview, jede Lektüre hat mich bereichert. Italien hat eine Reihe hervorragender Journalisten und Politikwissenschaftler – ihre Arbeit hat mich inspiriert. Dazu gehören Jacopo Iacoboni und Giovanni Orsina.

Ich bin in erster Linie meiner Redaktion, der ZEIT, zu Dank verpflichtet. Ich habe in den letzten Jahren in ihrem Auftrag Italien bereisen können und darüber berichtet. Das empfinde ich als großes Privileg.

Danken möchte ich auch meinen Kollegen und Freunden, Antonino Condorelli, Roberto Brunelli, Giuliana Sgrena, Didier Ruef, Alexandra Aschbacher, Jutta Telser, Konrad Messner, Walther Werth. Zu danken habe ich auch Kerstin Schulz und Bernd Martin von der Edition Körber. Sie haben an das Projekt von Beginn an geglaubt und es hervorragend begleitet.

Ohne die Unterstützung meiner Familie wäre dieses Buch nie entstanden. Ihr gilt mein größter Dank.

Anmerkungen

1 Censis, Rapporto sulla situazione social del paese 2018, Franco Angeli, Fondazione Censis, Roma, 2019, S. 39 ff.
2 Ebd, S. 40.
3 https://europawahlergebnis.eu/, zuletzt aufgerufen am 01.07.2019.
4 Irene Tinagli, La grande ignoranza, Dall'uomo qualunque al ministro qualunque. L'ascesa dell'incompetenza e il declino dell'Italia, Rizolli, Milano, 2019, S. 132.
   Es gilt für alle folgenden Anmerkungen: Alle Zitate aus italienischen Texten, Webseiten und Videos wurden vom Autor selbst ins Deutsche übersetzt.
5 Nicola Biondo, Marco Canestrari, Super Nova, I segreti, le bugie e i tradimenti del MoVimento 5 Stelle: storia vera di una nuova casta che si pretendeva anticasta. Adriano Salani Editore, Milano, 2018, S. 218.
6 Censis, Rapporto sulla situazione social del paese 2018, Franco Angeli, Fondazione Censis, Roma, 2019, S. 8 ff.
7 http://www.cattaneo.org/wp-content/uploads/2018/08/Analisi-Istituto-Cattaneo-Immigrazione-realtà-e-percezione-27-agosto-2018-1.pdf, zuletzt aufgerufen am 01.07.2019.
8 Censis, Rapporto sulla situazione social del paese 2018, Franco Angeli, Fondazione Censis, Roma, 2019, S. 6 ff.
9 Ebd., S. 10.
10 Matteo Salvini, Secondo Matteo, Follia e coraggio per cambiare il paese, Rizzoli, Milano, 2016, S. 13.

11 https://www.adnkronos.com/soldi/economia/2018/10/01/maio-terrorismo-sui-mercati_LBxu0AEj10K7vcBrN25lrL.html, zuletzt aufgerufen am 01.07.2019.

12 https://www.ilfattoquotidiano.it/in-edicola/articoli/2018/08/15/il-bancomat-di-benettonc-pedaggi-doro-sicurezza-no/4560362/, zuletzt aufgerufen am 01.07.2019.

13 Mattia Feltri, Novantatré, L'anno del terrore di Mani pulite, Marsilio Editore, Venezia, 2016, S. 25.

14 https://www.ilpost.it/2012/04/13/la-lettera-di-sergio-moroni-a-napolitano/, zuletzt aufgerufen am 01.07.2019.

15 http://www.ilsocialista.com/articolo-bettino-craxi-ultimo-discorso-alla-camera-dei-deputati-29-aprile-1993-n-1956.html, zuletzt aufgerufen am 01.07.2019.

16 Mattia Feltri, Novantatré. L'anno del terrore di Mani pulite, Marsilio Editore, Venezia, 2016, S. 211 f.

17 https://www.ilpost.it/2018/04/30/craxi-hotel-raphael/, zuletzt aufgerufen am 01.07.2019.

18 Carlo Levi, Cristo si è fermato a Eboli, Einaudi, Bologna, 2014. Das Buch erschien erstmals 1945.

19 Denis Mack Smith, The Making of Italy 1976–1870, Macmillan, London, 1968, S. 330 f.

20 Roberto Martucci, L'invenzione dell'Italia unita, Sansoni, Milano, 1999, S. 301–303.

21 Girolamo Arnaldi, Italy and its Invaders, Harvard Business University Press, Cambridge Mass., S. 192.

22 Norberto Bobbio, Ideological Profile of Twentieth Century, Italy, Princeton University Press, 1995, S. 90 f.

23 http://www.treccani.it/enciclopedia/fascismo_%28Enciclopedia-Italiana%29/, zuletzt aufgerufen am 01.07.2019.

24 Zitiert nach: Biagio Riccio, Fugaci ritratti, Rubbettino Editore, Soveria Mannelli, 2018.

25 Ennio Flaiano, La solitudine del satiro, Adelphi, Milano, 1996, S. 355 f.

26 Maria Pennacchio, Dalla Cassa per il Mezzogiorno all' Unione Europea, Dissertation, Universitá LUISS, Roma, 2014/15, S. 20.

27 Zum Vergleich: Die Schuldenquote Deutschlands lag 2018 bei
60,9 %, siehe: https://www.bundesbank.de/de/presse/presse-
notizen/deutsche-staatsschulden-783598, zuletzt aufgerufen am
07.06.2019.

28 https://www.dagospia.com/rubrica-3/politica/abbiamo-ripescato-
grande-intervista-che-paolo-guzzanti-fece-braccio-13330.htm,
zuletzt aufgerufen am 01.07.2019.

29 http://www.ilgiornale.it/news/turatevi-naso-votate-dc-1010410.
html, zuletzt aufgerufen am 01.07.2019.

30 Piercamillo Davigo, Il sistema della corruzione, Edizioni Laterza,
Bari–Roma, 2019, S. 7.

31 https://www.youtube.com/watch?v=3OlQ762Qh-A, zuletzt aufgerufen am 01.07.2019.

32 Ebd.

33 https://it.wikipedia.org/wiki/Polo_delle_Libertà, zuletzt aufgerufen am 01.07.2019.

34 Giovanni Orsina, Il berlusconismo nella storia d'Italia, Marsilio
Editore, Venezia, 2013, S. 106.

35 Ebd., S. 117.

36 Guglielmo Giannini, La folla. Seimila anni di lotta contro la
tirannide, Il Faro, 1946.

37 Giovanni Orsina, Il berlusconismo nella storia d'Italia, Marsilio
Editore, Venezia, 2013, S. 101.

38 https://www.youtube.com/watch?v=ReadB4wB4hQ, zuletzt aufgerufen am 01.07.2019.

39 http://www.cattaneo.org/wp-content/uploads/2019/05/Analisi-
Istituto-Cattaneo-Elezioni-europee-2019-Chi-ha-vinto-chi-ha-perso-
Colloca-e-Valbruzzi-1.pdf, zuletzt aufgerufen am 01.07.2019.

40 https://stream24.ilsole24ore.com/video/notizie/europee-
radiografia-swg-voto-ecco-chi-ha-votato-chi/ACgcrVJ und
https://www.ilsole24ore.com/art/europee-perche-citta-votano-
pd-e-provincia-lega-ACRZgOJ, beide zuletzt aufgerufen am
01.07.2019.

41 http://novara.anpi.it/attivita/2015/manifesto%20di%20ventotene.
pdf, zuletzt aufgerufen am 01.07.2019.

42 Ebd.

43 https://www.radioradicale.it/sites/www.radioradicale.it/files/
schede/allegati/2016/12/poesie_umberto_bossi.pdf, zuletzt aufgerufen am 07.08.2019.

44 Matteo Salvini, Secondo Matteo, Follia e coraggio per cambiare il
paese, Rizzoli, Milano, 2016, S. 58.

45 https://www.youtube.com/watch?v=_Z2pHEHp-ik&t=1222s, zuletzt
aufgerufen am 01.07.2019.

46 Ebd.

47 Ebd. sowie in eigener Recherche bei einer Wahlkampfreportage
von Salvini im Frühjahr 2016.

48 https://www.ilfattoquotidiano.it/2019/01/31/sondaggi-il-57-degli-
italiani-e-contrario-al-processo-per-salvini-anche-il-66-degli-
elettori-m5s-fiducia-nel-governo-al-43/4937736/, zuletzt aufgerufen am 01.07.2019.

49 https://www.youtube.com/watch?v=m1DjVi0-Qv0, zuletzt aufgerufen am 01.07.2019.

50 https://it.wikisource.org/wiki/Comunicato_29_aprile_1945, zuletzt
aufgerufen am 01.07.2019.

51 https://www.youtube.com/watch?v=GLoE5tpxTlQ, zuletzt aufgerufen am 01.07.2019.

52 https://www.corriere.it/politica/19_maggio_20/04-politico-t7cor-
riere-web-sezioni-f9dd5dae-7b38-11e9-9a27-9779fe3a7026.shtml,
zuletzt aufgerufen am 01.07.2019.

53 https://www.turismo.marche.it/Guida/Giardini-pubblici/Title/
Macerata-Giardini-Diaz/IdPOI/10103/C/043023, zuletzt aufgerufen
am 01.07.2019.

54 https://www.camera.it/_dati/leg17/lavori/documentiparlamentari/
indiceetesti/022bis/019all/00000001.pdf, zuletzt aufgerufen am
01.07.2019.

55 https://www.ilfattoquotidiano.it/2019/05/29/pamela-mastropietro-
innocent-oseghale-condannato-allergastolo-stupro-omicidio-
e-occultamento-di-cadavere/5217786/, zuletzt aufgerufen am
01.07.2019.

56 https://www.facebook.com/salviniofficial/posts/
10155503146153155/, zuletzt aufgerufen am 01.07.2019.

57 Gespräch mit dem Autor im August 2018.

58 Davide Allegranti, Come si diventa leghisti. Viaggio in un paese che si credeva rosso e si è svegliato verde, Utet, Milano, 2019, S. 67.

59 https://www.rassegna.it/articoli/ricordando-di-vittorio-59-anni-dopo, zuletzt aufgerufen am 01.07.2019.

60 http://www.sinistrapd.it/2017/11/03/la-lezione-di-giuseppe-di-vittorio-per-il-mondo-di-oggi/, zuletzt aufgerufen am 01.07.2019.

61 Gespräch mit dem Autor im August 2018.

62 Ebd.

63 https://www.youtube.com/watch?v=RYtAKFxuh9Q, zuletzt aufgerufen am 01.07.2019.

64 https://www.corriere.it/opinioni/18_agosto_25/i-populisti-senza-piu-complessi-10a9b6a4-a7d1-11e8-8398-449c93d620be.shtml, zuletzt aufgerufen am 01.07.2019.

65 https://www.youtube.com/watch?v=RYtAKFxuh9Q&t=5s, zuletzt aufgerufen am 01.07.2019.

66 https://www.youtube.com/watch?v=9eDGvNIu0zI, zuletzt aufgerufen am 01.07.2019.

67 Antonio Giangrande, Il Movimento 5 Stelle … cadenti, Quello che non si osa dire, Amazon Media E.U. S.à.r.L, 2016, S. 148.

68 http://www1.adnkronos.com/Archivio/AdnAgenzia/1994/06/11/Politica/BERLINGUER-MONTANELLI--LAVVERSARIO-CHE-CI-MANCA_170200.php, zuletzt aufgerufen am 01.07.2019.

69 https://www.youtube.com/watch?v=_L3Ph00wnPg, zuletzt aufgerufen am 01.07.2019.

70 https://www.youtube.com/watch?v=oP3aU5xQLlk, zuletzt aufgerufen am 01.07.2019.

71 Jacopo Iacoboni, L'esperimento. Inchiesta sul Movimento 5 Stelle, Editori Laterza, Bari–Roma, 2018, S. 17 f.

72 Ebd., S. 16 f.

73 Ebd., S. 49.

74 https://www.huffingtonpost.it/2014/08/16/isis-alessandro-battista_n_5683954.html, zuletzt aufgerufen am 01.07.2019.

75 https://www.facebook.com/dibattista.alessandro/posts/1871452199633502?comment_id=1871455522966503&reply_comment_id=1871544662957589&comment_tracking=%7B%22tn%22%3A%22R%22%7D, zuletzt aufgerufen am 01.07.2019.

76 Federico Mello, Il lato oscuro delle stelle, La dittatura digitale di Grillo e Casaleggio, Imprimatur Editore, Emilia Romagna, 2013, S. 125 f.

77 Nicola Biondo, Marco Canestrari, Supernova, I segreti, le bugie e i tradimenti del MoVimento 5 Stelle: storia vera di una nuova casta che si pretendeva anticasta, Adriano Salani Editore, Milano, 2018, S. 194 f.

78 https://www.youtube.com/watch?v=H02MorhxSqg, zuletzt aufgerufen am 01.07.2019.

79 Jacopo Iacoboni, L'esperimento, Inchiesta sul Movimento 5 Stelle, Editori Laterza, Bari–Roma, S. 39.

80 https://www.corriere.it/politica/12_aprile_30/grillo-mafia-polemiche_7e8666b2-92ad-11e1-96f9-bbc2eef37e85.shtml, zuletzt aufgerufen am 01.07.2019.

81 Sergio Rizzo, Gian Antonio Stella, La Casta, Così i politici italiani sono diventati intoccabili, Rizzoli, Milano, 2007.

82 https://www.corriere.it/politica/07_ottobre_07/irpef_tasse_padoa_schioppa.shtml, zuletzt aufgerufen am 01.07.2019.

83 http://www.beppegrillo.it/vaffanculo-day/, zuletzt aufgerufen am 01.07.2019.

84 https://st.ilsole24ore.com/art/notizie/2012-06-11/beppe-grillo-scrive-financial-095115.shtml?uuid=AbmQBYqF&refresh_ce=1, zuletzt aufgerufen am 01.07.2019.

85 https://www.youtube.com/watch?v=n7VWr4-Kpcw, zuletzt aufgerufen am 01.07.2019.

86 Ebd.

87 https://www.youtube.com/watch?v=8T_8D_0PEPU, zuletzt aufgerufen am 01.07.2019.

88 http://www.repubblica.it/2004/a/sezioni/economia/parmalat6/grillo1/grillo1.html, zuletzt aufgerufen am 01.07.2019.

89 https://www.youtube.com/watch?v=er1t332g3Lw, zuletzt aufgerufen am 01.07.2019.

90 Piercamillo Davigo, Il Sistema della Corruzione, Editori Laterza, Bari–Roma, 2017, S. 12.

91 Ebd., S. 14.

92 https://www.agi.it/politica/m5s_profilo_sociodemografico_eletto-

ri-1668366/news/2017-04-10/ und http://www.demos.it/a01374.php, beide zuletzt aufgerufen am 01.07.2019.

93 https://archivio.unita.news/assets/main/1996/09/14/page_007.pdf, zuletzt aufgerufen am 01.07.2019.

94 https://www.youtube.com/watch?v=JodFiwBlsYs&t=5s, zuletzt aufgerufen am 01.07.2019.

95 https://www.politicalpartydb.org/wp-content/uploads/Statutes/Italy/IT_M5S_2009.pdf, zuletzt aufgerufen am 01.07.2019.

96 https://www.zeit.de/politik/ausland/2016-10/luigi-di-maio-interview-fuenf-sterne-bewegung-extremismus, zuletzt aufgerufen am 01.07.2019.

97 https://blog.openpolis.it/2017/05/29/nuovo-gruppo-in-parlamento-e-cambio-di-casacca-numero-491/15449, zuletzt aufgerufen am 01.07.2019.

98 https://www.ilsole24ore.com/art/cambi-casacca-solo-18-camera-dall-inizio-legislatura-AEAzLa7G, zuletzt aufgerufen am 01.07.2019.

99 Interview mit Luigi Di Maio am 30.09.2016, geführt vom Autor.

100 Jacopo Iacoboni, L'esperimento, Inchiesta sul Movimento 5 Stelle, Editori Laterza, Bari–Roma, S. 55.

101 https://www.letteradonna.it/it/articoli/attualita/2017/04/10/la-prof-che-inguaia-beppe/23140/, zuletzt aufgerufen am 01.07.2019.

102 Jacopo Iacoboni, L'esperimento, Inchiesta sul Movimento 5 Stelle, Editori Laterza, Bari–Roma, S. 61.

103 https://www.lastampa.it/2014/02/01/italia/grillo-scatena-i-suoi-seguaci-sui-social-cosa-faresti-in-auto-con-la-boldrini-daMmnxO1KgcVc2ZQX6aXGN/pagina.html, zuletzt aufgerufen am 01.07.2019.

104 Nicola Biondo, Marco Canestrari, Supernova, I segreti, le bugie e i tradimenti del MoVimento 5 Stelle: storia vera di una nuova casta che si pretendeva anticasta, Adriano Salani Editore, Milano, 2018, S. 252 ff.

105 Nicola Biondo, Marco Canestrari, Il sistema Casaleggio, Salani Editore, Milano, 2019, S. 213 ff.

106 https://www.ilblogdellestelle.it/2017/05/il_movimento_5_stelle_e_lesempio_di_san_francesco.html, zuletzt aufgerufen am 01.07.2019.

107 Jacopo Iacoboni, L'esperimento, Inchiesta sul Movimento 5 Stelle, Editori Laterza, Bari–Roma, 2018, S. 49 ff.

108 Nicola Biondo, Marco Canestrari, Il sistema Casaleggio, Salani Editore, Milano, 2019, S. 339.

109 https://www.ilblogdellestelle.it/2018/07/lintervista_integrale_di_davide_casaleggio_a_la_verita.html, zuletzt aufgerufen am 01.07.2019.

110 Ebd.

111 https://s3-eu-west-1.amazonaws.com/associazionerousseau/documenti/statuto_MoVimento_2017.pdf, zuletzt aufgerufen am 01.07.2019.

112 https://www.corriere.it/politica/11_novembre_08/governo-voto-rendiconto_3a4537ce-09f2-11e1-8aac-d731b63fbb0f.shtml, zuletzt aufgerufen am 01.07.2019.

113 https://www.corriere.it/politica/12_giugno_01/intervista-grillo-stella_e0c2e754-abc8-11e1-b908-fbecd0c99c6b.shtml, zuletzt aufgerufen am 01.07.2019.

114 https://www.youtube.com/watch?v=jobc5foYkug, zuletzt aufgerufen am 01.07.2019.

115 https://www.youtube.com/watch?v=r3XxiGv2UEw, zuletzt aufgerufen am 01.07.2019.

116 Jacopo Iacoboni, L'esecuzione, 5 Stelle da Movimento a governo, Editori Laterza, Bari–Roma, 2019, S. 94.

117 Es gehört zu den Topoi der populistischen Parteien, den Linksliberalen – den *radical chics* – vorzuwerfen, eine Migrationspolitik zu unterstützen, deren Folgen sie selbst nicht tragen müssen.

118 Jacopo Iacoboni, L'esecuzione, 5 Stelle da Movimento a governo, Editori Laterza, Bari–Roma, 2019, S. 94.

119 https://www.youtube.com/watch?v=bArTJ9BjgIY, zuletzt aufgerufen am 01.07.2019.

120 http://www.beppegrillo.it/i-confini-sconsacrati/, zuletzt aufgerufen am 01.07.2019.

121 http://www.beppegrillo.it/un-clandestino-e-per-sempre-2/, zuletzt aufgerufen am 01.07.2019.

122 https://www.youtube.com/watch?v=GWSfNRYV11M, zuletzt aufgerufen am 01.07.2019.

123 https://www.quirinale.it/elementi/1345, zuletzt aufgerufen am 01.07.2019.

124 Nicola Biondo, Marco Canestrari, Il sistema Casaleggio, Salani Editore, Milano, 2019, S. 125.

125 https://www.ilblogdellestelle.it/2018/05/nonfiniscequi.html, zuletzt aufgerufen am 07.08.2019.

126 https://www.youtube.com/watch?v=j0EdE-sR3hY, zuletzt aufgerufen am 07.08.2019.

127 Jacopo Iacoboni, L'esecuzione, 5 Stelle da Movimento a governo, Editori Laterza, Bari–Roma, 2019, S. 83.

128 https://www.huffingtonpost.it/entry/salvini-parla-dallo-stesso-balcone-del-duce-a-forli-e-scoppia-la-polemica_it_5ccd507de4b0e4d75732e8bd, zuletzt aufgerufen am 02.07.2019.

129 https://www.open.online/2019/04/30/altaforte-la-casa-editrice-di-casapound-che-pubblichera-il-libro-su-matteo-salvini/, zuletzt aufgerufen am 01.07.2019.

130 https://ricerca.repubblica.it/repubblica/archivio/repubblica/2015/04/18/casaleggio-e-il-25-aprile-errori-e-buona-fede-da-entrambe-le-parti11.html, zuletzt aufgerufen am 01.07.2019.

131 Mitgeschrieben vom Autor bei der Pressekonferenz von Salvini am 08.04.2019 in Mailand.

132 https://www.youtube.com/watch?v=rlfyzQUUIiM, zuletzt aufgerufen am 07.08.2019.

133 https://www.welt.de/wirtschaft/article115143342/Deutsche-belegen-beim-Vermoegen-den-letzten-Platz.html, zuletzt aufgerufen am 01.07.2019.

Körber Stiftung

Gesellschaft besser machen